C.H.BECK WISSEN

in der Beck'schen Reihe

Jean-Jacques Rousseau (1712–1778) ist der am meisten gelesene französische Aufklärer. Von Immanuel Kant wurde er als «der Kopernikus der Moral» enthusiastisch begrüßt. Auf einzigartige Weise spiegeln sich die Widersprüche seiner Zeit in Rousseaus unstetem Leben, in seinem Denken an der Grenze zwischen Aufklärung und Romantik und in seinem breit gefächerten philosophischen und literarischen Werk. Seine bahnbrechenden Abhandlungen zu Kunst und Kultur, seine Theorie vom Gesellschaftsvertrag, sein Erziehungsroman «Emile» oder seine autobiographischen «Bekenntnisse» werden bis heute viel gelesen und lebhaft diskutiert. Michel Soëtard macht den Leser anschaulich und mit Blick für das Wesentliche mit dem wechselvollen Leben Rousseaus und seinen wichtigsten Werken vertraut.

Michel Soëtard, geb. 1939, ist Professor em. für Pädagogik an der Université Catholique de l'Ouest in Angers. In Deutschland wurde er mit einer großen Monographie zu Johann Heinrich Pestalozzi bekannt.

Michel Soëtard

JEAN-JACQUES ROUSSEAU

Leben und Werk

Verlag C.H.Beck

Mit 10 Abbildungen

Originalausgabe

Satz: Fotosatz Reinhard Amann, Aichstetten
Druck und Bindung: Druckerei C.H.Beck, Nördlingen
Umschlagentwurf: Uwe Göbel, München
Umschlagabbildung: Maurice Quentin de Latour,
Jean-Jacques Rousseau, Musée de Carnavalet Paris, © Bridgeman
Printed in Germany
ISBN 978 3 406 63197 9

www.beck.de

Inhalt

Einleitung

Jean-Jacques Rousseau ist eine ganz besondere, ja einzigartige Figur in der Geschichte der abendländischen Kultur. Er hat den Großteil seiner Bildung mit dem Lesen von Romanen an der Uhrmacherbank seines Vaters aufgesogen – aber er hat unserer von Plato und von einem platonischen Christentum ererbten Kultur eine grundsätzliche Wendung gegeben. Er zog meist als Flüchtling durch ganz Europa, unfähig, sich an ein bürgerliches Leben und an eine religiöse Konfession zu binden – aber er hat die Idee der Demokratie so klar wie niemand vor ihm und niemand nach ihm formuliert und die Grundlagen für ein erneuertes Christentum entworfen. Er war ein Begründer des Liebesromans und ein Apostel der auf Tugend gegründeten Liebe – aber er hat sein Leben lang an seiner Unsicherheit gegenüber den Frauen gelitten. Und wer von diesem Genfer ein streng systematisches Denken oder gar ein wissenschaftliches System erwartet, muss diese Erwartungen schnell revidieren: Alles von ihm Verfasste, und sei es noch so brillant, wird am Ende von Rousseaus eigenem Ich verschlungen, sein gesamtes Werk erscheint schließlich wie ein Spiegel seiner autobiographischen Bekenntnisse.

Das geradezu Einmalige bei Rousseau ist, dass er niemals von einem Katheder herab unterrichtet wurde, sondern wie ein trockener Schwamm die intellektuellen Anregungen seiner Zeit und seiner Umgebung aufsog, sich zu Eigen machte und so umgestaltete, dass er ganz neue und unerwartete Kombinationen hervorbrachte. So bestätigt sich seine Genialität auf allen wichtigen Gebieten unserer Kultur, wobei er jedes Mal einen neuen Weg gebahnt hat: Die Politik gewinnt eine neue Basis, die sich über unsere erschlaffende Demokratie hinaus bewahrt; von Kant wird Rousseau als «der Kopernikus der Moral» begrüßt; Pestalozzi erklärt den Autor des *Emile* als «eine höhere Natur, als Wendepunkt der alten und neuen Welt in der Pädagogik»;

und wenngleich Rousseau ausgerechnet auf seinem Lieblingsgebiet, nämlich der Musik, keinen großen Erfolg erzielen konnte, so hat er doch auf eine Harmonie verwiesen – auch auf die Harmonie der Natur in der Botanik – , die alle Widersprüche und Disharmonien der menschlichen Existenz aufzuheben vermag. Sein Hauptverdienst liegt aber in der Sublimierung der *condition humaine* durch ihren literarischen Ausdruck und in der Zurückgewinnung des moralischen, veredelten Ich jenseits seiner Zersplitterung in einer entfremdeten Gesellschaft.

Rousseaus Leser müssen lernen, mit Paradoxen zu arbeiten: «Ich ziehe vor», so verkündet er mitten im *Emile*, «eher ein Mensch von Paradoxen als ein Mensch von Vorurteilen zu sein.» Diese Vorurteile sind die Widersprüche, mit denen sein Jahrhundert kämpft und die keine Lösung mehr in einem beruhigenden Humanismus finden können: Die mit neuen Weihen versehen *raison* herrscht nicht mehr allein, sie muss ihr Reich mit ihrer Gegenspielerin, der lange missachteten *passion,* teilen. Besser dann das Paradoxe behalten und pflegen, als die Kraft des Denkens einem der beiden Extreme opfern und im Vorurteil steckenbleiben. Rousseau ist so zu einer unerschöpflichen Quelle von intellektuellen Streitigkeiten geworden, bei denen jede Partei Gründe zugunsten ihrer eigenen Position gefunden hat und immer wieder findet: Danton *versus* Robespierre, Führen *versus* Wachsenlassen, unberührte Natur *versus* Stadtplanung, Schaugesellschaft *versus* republikanische Tugend... Man muss mit begeisterten Parteigängern und mit eifernden Gegnern Rousseaus auf allen Schlachtfeldern rechnen.

So ist Rousseaus Werk immer eine Gratwanderung zwischen Aufklärung, die ihn nicht zufriedenstellt, und Romantik, die allein ihn auch nicht befriedigen kann; zwischen Genfer Demokratie, die ihn erfüllen würde, und Pariser Monarchie, der er sich nicht verschwören will; zwischen *amour passion*, die ihn entflammt, und *amour devoir*, die ihn beruhigt. So wird Rousseau am Anfang des 21. Jahrhunderts zu einem Zeitgenossen für uns, die wir von blutbefleckten Abenteuern des selbstbewussten Verstandes noch immer nicht befreit sind und die romantischen Utopien einer verrückt gewordenen Vernunft bereits erschöpft haben. Am Ende dieses Büchleins werden wir den Ertrag und die Aktualität des Rousseauschen Erbes zu bilanzieren haben.

Rousseaus Biographie lässt sich nicht von seinem Werk trennen. Wir treffen bei ihm auf die erste Manifestation der modernen Existenzphilosophie – mit Augustinus und seinen *Bekenntnissen* als Vorfahren und mit einer schier unbegrenzten Nachkommenschaft. Diese Existenz gilt ihm aber nicht als ein Eines und für sich Seiendes; sie wird ständig im Spiegel des Geschriebenen distanziert ausgedrückt und beurteilt. Wir werden deshalb diesen Essay wie ein Dreigespann führen, das – Etappe für Etappe, Kapitel für Kapitel – Leben, Werk und Denken ständig zusammenkoppelt: die biographische Abfolge der Erlebnisse, die Hauptmerkmale der Rousseauschen intellektuellen Attitüde und ihren schriftlichen Ausdruck in seinen Hauptwerken.

Diese permanente, aus Erlebnissen und Emotionen sich nährende Expansion des Ich macht eine Systematisierung des Rousseauschen Denkens äußerst schwierig. Manche Interpreten haben daher auf jede Parallelisierung des Lebens und der Schriften verzichtet. Dabei hat der Genfer selbst auf die innere Strukturierung seines Werkes klar hingewiesen: Die beiden ersten Diskurse gelten der *déconstruction* der alten Welt, *Emile oder Über die Erziehung* wird zum Projekt, um eine neue Welt aufzubauen. Wir möchten hier gerne Pestalozzi folgen, wenn er das oben zitierte Urteil fortsetzt: «Von der allgewaltigen Natur allgewaltig ergriffen, die Entfernung seiner Zeitgenossen vom sinnlichkräftigen eben so wohl als vom geistigen Leben, wie kein Anderer, und mit unendlichen Schmerzen fühlend, sprengte er mit herkulischer Kraft die Fesseln des Geistes und gab das Kind sich selbst, gab die Erziehung dem Kinde und der menschlichen Natur zurück.»

Diese Revolution hat Kant wohl geahnt, als er bei der Lektüre des *Emile* seinen ihm heiligen Spaziergang versäumte. Der Philosoph der Modernität schuldet dem «Kopernikus der Moral» die bahnbrechende Richtung seines eigenen Denkens, und indem er mit den Paradoxen des Genfers kämpfte, ist es ihm gelungen, die wahrscheinlich einzige Umwälzung des abendländischen Denkens seit Plato zu vollenden.

I. Der Entwurzelte
Kindheit und Jugend in Genf
1712–1728

Jean-Jacques Rousseau wurde am 28. Juni 1712 in Genf geboren, in der Grand Rue 40, unweit der Kirche Saint-Pierre, in der er am 4. Juli getauft wurde. Sein Vater, Isaac Rousseau, entstammte einer ursprünglich in Montlhéry bei Paris ansässigen hugenottischen Familie von Buchhändlern, die 1549 während der Religionskriege nach Genf geflohen war und dort 1555 das Bürgerrecht erworben hatte. Isaac Rousseau wurde am 28. Dezember 1672 geboren, und wie sein Vater und seine beiden Großväter wurde er Uhrmacher. Nach seiner Lehre schloss er sich allerdings zunächst ein Jahr lang mit zwei Mitbürgern zusammen und gab – in einer Stadt, in der derlei Zerstreuung untersagt war – den jungen Engländerinnen eines Internats am Ufer des Genfer Sees Tanzunterricht. Als die Gesellschaft aufgehoben wurde, kehrte er wieder in seinen erlernten Beruf zurück.

Rousseaus Mutter, Suzanne Bernard, wurde am 6. Februar 1673 in Genf geboren. Ebenfalls Tochter eines Uhrmachers, verlor sie mit neun Jahren ihren Vater und wuchs bei ihrem Onkel, einem Pastor, auf. Als sie zweiundzwanzig war, ging ihre Beziehung zu einem Patrizier der Stadt, Monsieur Vincen Sarasin, einem verheirateten Mann und Familienvater, in die Chronik der Stadt ein: Den beiden wurde vom Konsistorium, einer Art Tribunal der Genfer Sittenpolizei, zur Last gelegt, sich «ungeachtet wiederholter Vermahnungen und Zurechtweisungen» weiterhin zu treffen. Dieselbe Demoiselle Bernard wurde auch beschuldigt, als Mann verkleidet den Possenspielen der Marktschreier auf dem Molard zugeschaut zu haben; als sie deswegen vor Gericht erscheinen sollte, weigerte sie sich; schließlich wurde sie «nachdrücklich gerügt» und dem Kreis «zweifelhafter» Personen zugezählt.

Am 2. Juni 1704 heiratet sie Isaac Rousseau. Jean-Jacques' älterer Bruder François kommt am 15. März 1705 zur Welt. Ein Jahr nach der Hochzeit, am 22. Juni 1705, verlässt Isaac, von Geldsorgen geplagt und wohl auch mit seiner unter demselben Dach lebenden Schwiegermutter zerstritten, die Stadt, um sich einer Kolonie von Handwerkern in Konstantinopel anzuschließen. Zuvor hat er seine Frau bevollmächtigt, während seiner Abwesenheit seine Geschäfte zu führen. Nach dem Tod der Schwiegermutter kehrt Isaac im September 1711 nach Genf zurück. Jean-Jacques wird am 28. Juni 1712 geboren.

Seine Mutter Suzanne stirbt am 7. Juli im Wochenbett, im Alter von neununddreißig Jahren von «anhaltendem Fieber» dahingerafft. «Nach zehn Monaten wurde ich krank und schwächlich geboren, kostete meine Mutter das Leben, und meine Geburt war mein erstes Unglück», so lautet Rousseaus erstes Bekenntnis (*Bekenntnisse*, S. 39). Jean-Jacques wird nun von der Schwester seines Vaters, seiner «Tante Suzon», aufgezogen, die das kleine, schmächtige Geschöpf, das von zarter Gesundheit ist, aufopfernd umsorgt.

Nach wie vor in Geldnöten, verkauft Isaac Rousseau im Juni 1718 das von seiner verstorbenen Frau geerbte Haus in der «Oberstadt», in Genfs Patrizierviertel, und lässt ich im Kleineleuteviertel Saint-Gervais nieder, in der Rue de Coutance 28. Zunächst ein «Junge von oben» ist Jean-Jacques nun also «nur noch ein Kind von Saint-Gervais».

Von Jean-Jacques' früher Kindheit und Erziehung wissen wir so gut wie nichts, außer dass er sich, kaum dass er lesen konnte, schon im Alter von fünf oder sechs Jahren mit seinem Vater in Bücher vertieft hat. Zunächst nahmen sie sich die von der Mutter hinterlassene Sammlung vor, hauptsächlich Romane: *Artamène ou le Grand Cyrus* von Madeleine de Scudéry, *Cassandre et Cléopâtre* von La Calprénède, *L'Astrée* von Honoré Durfé … Vater und Sohn verschlingen nächtelang heldenhaftgalante Dichtung, und wenn sie im Morgengrauen die Vögel zwitschern hören, sagen sie ganz beschämt zueinander: «Gehen wir schlafen!»

Auf diese Weise sind die Bücher der Mutter bald ausgelesen.

1 Die Rue de Coutance im Genfer Handwerkerviertel Saint-Gervais. Aus Geldnot zieht Jean-Jacques' Vater 1718 mit seinem sechsjährigen Sohn aus dem Patrizierviertel hierher.

Die beiden stürzen sich nun auf die Bibliothek des Großonkels, des für Literatur und Wissenschaft aufgeschlossenen Pfarrers Samuel Bernard. Dieser Lesestoff ist ernsthafter, fast noch ungewöhnlicher für ein siebenjähriges Kind: die *Geschichte der Kirche und des Kaisertums* von Le Sueur, die *Abhandlung über die Weltgeschichte* von Bossuet; Plutarch, Ovid, La Bruyère, Fontenelle, Molière ... Gelesen wird in der Werkstatt, während der Arbeit.

Besonders Plutarch wird Jean-Jacques' Lieblingslektüre, und

sie wird es bis ans Ende seines Daseins bleiben. Die Helden aus dessen «Parallelen Biographien» berühmter Griechen und Römer bevölkern seine Traumwelt: «Ohne Unterlass mit Rom und Athen beschäftigt», so schreibt er in den *Bekenntnissen* (S. 42), «mit ihren großen Männern gewissermaßen lebend, selber als Bürger einer Republik geboren und Sohn eines Vaters, dessen Vaterlandsliebe seine stärkste Leidenschaft war, entflammte ich an seinem Beispiel, fühlte mich als Grieche und Römer und wandelte mich innerlich gewissermaßen in den Menschen um, dessen Leben ich gerade las; der Bericht über Züge von Standhaftigkeit und Unerschrockenheit, die mich ergriffen hatten, erfüllte meine Augen mit Feuer und meine Stimme mit Kraft. Als ich eines Tages bei Tisch die Geschichte des Mucius Scaevola erzählte, sah man mit Schrecken, wie ich meine Hand ausstreckte und über ein Kohlbecken hielt, um seine Handlungsweise zu veranschaulichen.»

Aber mit der Leseidylle ist es bald vorbei. Wahrend einer seiner Jagdpartien, für die Isaac Rousseau ohne allzu große Skrupel seinen kleinen Uhrmacherladen schließt, gerät er mit dem Besitzer eines Feldes, Pierre Gautier, einem Rittmeister a. D. der Kurfürsten von Sachsen, in Streit und legt das Gewehr auf ihn an. Als er ihm einige Monate später in Genf wiederbegegnet, verspottet Isaac Rousseau ihn und schlägt vor, die Angelegenheit mit dem Degen zu erledigen. Gautier entgegnet ihm, dass man für Leute seines Schlags einen Knüppel brauche. Die Beleidigung ist offenkundig: Isaac Rousseau zieht den Degen und streift seinen Widersacher an der Wange. Passanten treten dazwischen und trennen die beiden Gegner. Jean-Jacques' Vater wird angeklagt und vor Gericht geladen, doch er erscheint nicht. Und der Beamte, der ihn in der Rue de Coutance aufsuchen will, findet dort niemanden vor. Isaac Rousseau ist nach Noyon im Kanton Waadt geflohen. In dieser kleinen Stadt lässt er sich nieder, vermählt sich am 5. März 1726 mit einer gewissen Jeanne François und stirbt am 9. Mai 1747.

Im selben Jahre 1722, in dem sein Vater in die Verbannung geht, ergreift auch Jean-Jacques' Bruder François, der mit dreizehn Jahren in eine Besserungsanstalt gekommen und danach bei einer Uhrmacherlehre gescheitert war, die Flucht und verschwindet auf Nimmerwiedersehen.

Jean-Jacques ist erst zehn Jahre alt, ein äußerst empfindsamer Junge, der nun ohne den Schutz einer Familie, sich selbst und seinen Trugbildern überlassen, der Welt die Stirne bieten soll. «Das waren die Urheber meines Lebens», schreibt er später im Ersten Buch seiner *Bekenntnisse* (S. 40), «Von allen Gaben, mit denen sie der Himmel bedacht hatte, ließen sie mir allein ein gefühlvolles Herz. Während es aber ihr Glück gemacht hatte, wurde es für mich die Quelle allen Unglücks meines Lebens.»

Jean-Jacques wird nun der Vormundschaft seines Onkels Gabriel Bernard unterstellt, eines Baumeisters in militärischen Diensten, der an der Befestigung Genfs arbeitet. Zusammen mit seinem eigenen Sohn gibt dieser ihn in Bossey, einem kleinen Ort am Fuße des Mont Salèves ein paar Kilometer von Genf entfernt, beim dortigen Pastor in Pension.

Hier in Bossey, umgeben von zärtlichen, liebevollen, friedlichen Empfindungen, erlebt Jean-Jacques eine Art Kindheitsparadies, an das er sich später stets mit großer Rührung erinnert. Pastor Jean-Jacques Lambercier ist ein höchst einfühlsamer Mann, der seine Schüler nicht überfordert und der es versteht, ihre Freude am Lernen zu wecken. Hier lernt der junge Rousseau zum ersten Mal mit seinem Cousin Bernard den Zauber der Freundschaft kennen: «Bis dahin», so berichtet er in den *Bekenntnissen* (S. 47), hatte ich wohl erhabene, aber nur eingebildete Gefühle gekannt.» In Bossey beginnt er auch, Gefallen am Leben auf dem Land zu finden, ohne dessen jemals überdrüssig zu werden.

Aber Bossey bedeutet für Jean-Jacques vor allem seine erste Bindung zu einer Frau, zu der Frau, die ihm eine Mutter sein sollte, zu der er sich jedoch unter dem Einfluss «seiner frühreifen sexuellen Regung» wie zu einer Geliebten hingezogen fühlt. Es ist Gabrielle, die Schwester des Pastors Lambercier, die auf die Vierzig zugeht und den beiden Knaben gegenüber eine gewisse Strenge an den Tag legt, die sich nicht nur in Ermahnungen äußert, sondern auch darin, dass sie ihnen bisweilen den Hosenboden strammzieht. Doch siehe da, Jean-Jacques empfindet an dieser körperlichen Züchtigung insgeheim Vergnügen. Als Gabrielle dies merkt, versagt sie sich künftig diese Form der Bestrafung und weist den Kindern, die bis dahin in ihrem Zimmer und bisweilen sogar in ihrem Bett geschlafen haben, einen anderen Raum zu.

Dem Paradies wird jedoch ein jähes Ende gesetzt. Zu Unrecht wird Jean-Jacques eine geringfügige Verfehlung angelastet, er beteuert natürlich seine Unschuld, obwohl der Schein gegen ihn spricht. Man möchte ihn zu einem Geständnis bewegen, fragt ihn immer wieder, redet ihm zu, droht ihm. Je mehr er bedrängt wird, desto beharrlicher widersetzt er sich, so dass sich die zunächst belanglose Verfehlung zu einem bedeutenden Ereignis auswächst. Onkel Bernard wird benachrichtigt. Er übernimmt selbst die Bestrafung, die furchtbar ausfällt. Doch der Junge bleibt standhaft: er geht «zerfetzt, aber dennoch als Sieger» (*Bekenntnisse*, S. 55) aus dieser harten Prüfung hervor.

Nun sind sie vorbei, die idyllischen Tage von Bossey. Die Erzieher haben ihren Nimbus der Gerechtigkeit und souveränen Vernunft eingebüßt; Furcht, Lüge und Widerspenstigkeit schleichen sich ein; Lernen und Spiel sind gleichermaßen von Wut und Verzweiflung vergiftet; selbst die Landschaft ist wie mit einem Schleier überzogen und hat einen Teil ihres Zaubers verloren. Rousseau vergleicht diesen Zustand mit dem nach dem Sündenfall. Es dauert nicht lange, bis sich ein Gefühl des Überdrusses einstellt, und nach einigen Monaten müssen die beiden Kinder zu Onkel Bernard zurück nach Genf.

In der Stadt genießt Jean-Jacques bei seinem Onkel, einem lebenslustigen Mann, und seiner Tante, einer alten protestantischen Frömmlerin, die sich kaum um ihn kümmert, eine Zeitlang die größtmögliche Freiheit. Sein Cousin ist ihm geblieben: er nimmt an dessen Studien und Spielen teil, er zeichnet, lernt ein wenig Geometrie, vertrödelt ansonsten weitgehend seine Zeit und führt ein müßiges und zugleich emsiges Dasein, in dem einen Käfig bauen, einen Stich kolorieren oder Marionetten bewegen ernsthafte Tätigkeiten sind, die ganze Tage oder Wochen ausfüllen können.

Die zwei Knaben geben sich wenig mit anderen Kindern ab;

ihr scheues Wesen reizt nur zu Sticheleien. Jean-Jacques, der stärkere und ungeduldigere der beiden, schwingt sich zum Rächer seines Vetters auf, wird zornig, schlägt zu und wird seinerseits bei Prügeleien auf dem Schulweg geschlagen. Aber in dieser Zeit ist Jean-Jacques auch kindlich verliebt: in die kleine Goton, die Lehrerin spielt und ihm das Hinterteil versohlt, und in Mademoiselle de Vulson, die er in Nyon kennenlernt und zu deren untertänigem Ritter er sich erklärt.

Mittlerweile ist Jean-Jacques in einem Alter, in dem er allmählich an einen Beruf denken muss. Man schickt ihn zunächst zum Gerichtsschreiber Masseron, damit er dort «das nützliche Handwerk eines Schuldeneintreibers erlerne» (*Bekenntnisse*, S. 69). Aber dieser Beruf entspricht so wenig seinem Charakter und seinem Geschmack, dass sein Lehrherr den Eindruck bekommt, er sei und bleibe für immer ein Esel, und ihn seiner Dummheit wegen schon nach kurzer Zeit schimpflich aus der Gerichtskanzlei verweist.

Die Angestellten des Hauses Masseron sind der Meinung, Jean-Jacques tauge höchstens zum Handhaben einer Feile; daraufhin gibt man ihn zwar nicht zu einem Uhrmacher, wohl aber zu einem Kunststecher in die Lehre. Das bringt erneuten Verdruss. Sein Meister, Abel Ducommun, ist ein junger, ungeschlachter und gewalttätiger Mann, bei dem Jean-Jacques nicht wagt, den Mund aufzumachen, und der ihn ob der nichtigsten Vergehen halbtot schlägt. Also lernt er, sich zu verstecken, Dinge zu verheimlichen, zu lügen und schließlich zu stehlen, zunächst aus Gefälligkeit für einen anderen, dann für sich selbst: er stiehlt Äpfel und Leckereien, Werkzeuge und Zeichnungen.

Dieses Leben eines Taugenichts befriedigt ihn jedoch nicht. Die plumpen Belustigungen seiner Kameraden langweilen ihn, die Arbeit macht ihm keine Freude. Um sich zu zerstreuen, nimmt er zum Lesen Zuflucht; seine Neigung wird zur Leidenschaft, seine Leidenschaft zur Raserei. Ducommun kann ihn noch so sehr überwachen, beim Lesen ertappen, ihn schlagen und seine Bücher verbrennen oder aus dem Fenster werfen: er braucht Bücher, um jeden Preis, gute wie schlechte. Und er holt sie aus der Leihanstalt *La Tribu*; die wenigen Sous, die er wöchentlich erhält, trägt er regelmäßig zur Bücherverleiherin. Wenn sein Geld nicht reicht, gibt er ihr seine Hemden, seine Krawatten, bittet sie um Kredit.

«So wuchs ich», schreibt er in den *Bekenntnissen* (S. 84) «in mein sechzehntes Jahr hinein: unruhig, mit allem und mir selbst unzufrieden, ohne Liebe zu meinem Beruf, ohne Freuden, die meinem Alter angepasst waren, verzehrt von Wünschen, deren Gegenstand ich nicht kannte, weinend, ohne jeden Grund zu Tränen, seufzend, ohne zu wissen, worüber, kurz, zärtlich an den Gaukelbildern meiner Phantasie hangend, da ich rings um mich nichts erblickte, was sie hätte aufwiegen können.»

Sonntags nach der Kirche treibt sich Jean-Jacques mit seinen Kameraden gern außerhalb der Stadtmauern herum. Er tut dies mit solchem Eifer, dass er darüber vergisst, wann die Stadttore geschlossen werden. Zweimal hat sein Ausbleiben so üble Folgen für ihn, dass er schwört, sich dem nicht mehr auszusetzen. Als ihm das Missgeschick zum dritten Mal passiert, beschließt er, am nächsten Morgen nicht mehr mit seinen Kameraden in die Stadt zurückzugehen. Es ist der 14. März 1728.

Die Heimat, die Jean-Jacques auf diese Weise verlässt, hätte für ihn der Ort seines Glücks sein können. «Ich wäre ein guter Christ gewesen, ein guter Bürger, ein guter Familienvater, ein guter Freund, ein guter Arbeiter ... und nach einem schlichten und dunklen, aber gleichmäßigen und erfreulichen Leben friedlich in den Armen der Meinen gestorben.» Mit diesem Anflug wehmütigen Bedauerns schließt der Autor der *Bekenntnisse* (S. 88) den Bericht über die erste Periode seines Daseins.

Aber hätte dieser junge Mann mit der Empfindsamkeit, die ihm nun einmal zu Eigen war, im ersten Drittel des 18. Jahrhunderts diesen Hafen des Friedens überhaupt in Genf finden können? Das darf bezweifelt werden.

Die Republik Genf war damals eine kleine Stadt mit etwa 20 000 Einwohnern. Sie besaß nur einige in der Umgebung verstreute Ländereien, aber ihre bevorzugte Lage am Schnittpunkt der großen europäischen Durchgangstraßen prädestinierte sie zum Handels- und Umschlagplatz. Obendrein hatte die Reformation Genf schon ab der Mitte des 16. Jahrhunderts zur Hochburg des französischsprachigen Protestantismus und bald zu einer der protestantischen Hauptstädte Europas erkoren. Im Lauf des 17. und des 18. Jahrhunderts unternahmen die Vereinigung der Pastoren, die Akademie und der Kleine Rat gemeinsame Anstrengungen, um Genf seine geistige Ausstrahlung zu bewahren. Die Stadt hatte sich vorsichtig den neuen Strömungen geöffnet: Ende des 17. Jahrhunderts hatte Jean-Robert Chouet der kartesianischen Lehre den Einzug in die Akademie gewährt, und Jean-Alphonse Turettini und sein Schüler Jacob Vernet versuchten im 18. Jahrhundert die Gebote des Glaubens mit den Erfordernissen der Vernunft in Einklang zu bringen. Dieses Christentum, wiewohl es sich «vernünftig» und duldsamer gab, blieb dennoch einer strengen Orthodoxie verhaftet.

Das Festhalten an orthodoxen Maximen ging mit einer politischen Verfassung einher, die hinter einer republikanischen Fassade einigen Familien gleichzeitig mit dem Besitz der Macht einen ständig wachsenden Anteil am «Nationaleinkommen» sicherte. Dieses Patriziat, das im 17. Jahrhundert entstanden war, strebte im 18. Jahrhundert danach, sich immer mehr abzuschotten. Es hielt fast alle fünfundzwanzig Sitze im Kleinen Rat, dem Führungsgremium der Republik, besetzt, und es überwachte sorgsam den Zutritt zum Rat der Zweihundert, der über wichtige Angelegenheiten beratenden Versammlung. Diese beiden Räte ernannten sich faktisch gegenseitig. Der Allgemeine Rat dagegen, auch Souveräner Rat genannt, in dem eine breite Schicht von *Citoyens* (Staatsbürgern mit den höchsten verfassungsmäßigen Rechten) und *Bourgeois* (Bürgern, deren Vorfahren zugewandert waren und denen es zustand, *Citoyens* zu werden) vertreten war und der theoretisch über sehr ausgedehnte Verfassungsrechte verfügte, trat praktisch nicht mehr zusammen. Nur die Kaste der *Citoyens* und *Bourgeois* besaß überhaupt politische Rechte und wirtschaftliche Privilegien, sie machte zahlenmäßig nicht einmal ein Zehntel der Bevölkerung aus.

Zu Beginn des 18. Jahrhunderts spitzte sich die Missstimmung innerhalb der Bürgerschicht der Kaufleute und Handwerker zu. Es kam zu Unruhen und Aufständen. 1707 hatten die Unzufriedenen in dem Patrizier Pierre Fatio einen Anführer von Format gefunden; der Kleine Rat reagierte in brutaler Weise und ließ den Aufrührer hinrichten. Doch künftig war mit dieser Protestbewegung zu rechnen, die ihre Beschwerden regelmäßig erneuerte. 1734 wurde die Stadt von einer schweren Krise geschüttelt, und die darauffolgende Zeit der Wirren und Ausschreitungen fand erst ein Ende, als Bern, Zürich und Frankreich eingriffen. Die Rechte des Allgemeinen Rates wurden wieder anerkannt, aber die Macht verblieb nach wie vor in den Händen der Oligarchie der Fünfundzwanzig und der Zweihundert.

Diese spannungsgeladene Atmosphäre verschärfte sich durch die Tätigkeit des Konsistoriums, eines aus Pastoren und Mitgliedern der beiden herrschenden Räte zusammengesetzten Gremiums, das für die Einhaltung der guten Sitten und der Religion sorgte und zugleich eine Art politischer Überwachung gewährleistete. Spiel und Tanz sowie Theater waren verboten, Druckwerke wurden zensiert. Die Familien Bernard und Rousseau konnten ein Lied von der Macht des Konsistoriums singen: Jene Tochter, die Jean-Jacques' Mutter werden sollte, war zweimal zur Rechenschaft gezogen werden; drei Tanten waren belangt worden, weil sie eines Sonntags nach der Kirche im Hause einer der Frauen Karten gespielt hatten; und mit Isaac Rousseaus Händeln hatte sich das Konsistorium dreimal beschäftigt.... Zwei Auszüge aus den Registern des Konsistoriums vom Februar 1727 beschuldigen die Tochter Tribu Bernard, sie habe während des Katechismusunterrichts und des Gottesdiensts junge Leute angelockt, um ihnen Bücher zu verkaufen.

Paradoxerweise blieb Genf dennoch in vieler Hinsicht ein Nährboden des Friedens. Selbst wenn die Genfer sie nicht ausüben konnten, so wussten sie doch, dass ihnen Rechte zustanden, und sie versagten es sich nicht, die Zensoren auf Trab zu halten. Räumte die protestantische Religion nicht überdies jedem Einzelnen ein weites Feld für freies Denken und Forschen ein? In der Tat wurde unablässig über Regierungs-, Religions-

und Moralfragen debattiert und geschrieben. Allein von 1761 bis 1768, in der Zeit, da Rousseaus *Gesellschaftsvertrag* erschien, zählte man nicht weniger als siebenundfünfzig Broschüren, die in Genf zu politischen Themen veröffentlicht wurden.

Als Jean-Jacques 1728 den Toren seiner Stadt den Rücken kehrt, entflieht er einer für ihn persönlich unerfreulichen Situation, noch mehr aber einer gewissen sozialen Zerrüttung, einem Staat, der am Ende ist und dem einzelnen Menschen anscheinend nichts mehr zu bieten hat. So bleibt ihm nichts anderes übrig, als sich abzuwenden und auf die Suche nach neuen Bindungen zu begeben.

Rousseau wird jedoch weiterhin in der kleinen Republik die ideale Form einer politischen Gemeinschaft sehen, die die Formel des *Gesellschaftsvertrags* hätte vollenden können, indem sie «mit ihrer ganz gemeinsamen Kraft die Person und das Vermögen jedes einzelnen Mitglieds verteidigt und schützt und durch die doch jeder, indem er sich mit allen vereinigt, nur sich selbst gehorcht und genauso frei bleibt wie zuvor» (*Gesellschaftsvertrag*, S. 17). Er hat aber die Erfahrung gemacht, dass die Luft dieses Paradieses in der Tat von der Schlange der Selbstsucht und der Machtgier unabwendbar vergiftet wird. Nichts wie weg!

2. Der Wanderer
Auf der Suche nach Liebe, Geld und Kunst
1728–1742

Jean-Jacques braucht nun eine andere Familie, eine andere Religion, einen anderen Beruf. Nachdem er einige Tage lang um die Stadt geirrt ist und bei Bauern übernachtet hat, begibt er sich auf Savoyer Gebiet, ins Dorf Confignon, nur fünf Kilometer von Genf entfernt. Der katholische Priester des Ortes, Benoît de Pontverre, der eigens damit beauftragt ist, vor den Toren der Stadt bekehrungsbedürftige Menschen abzufangen, nimmt den Flüchtling auf, gibt ihm zu essen, erzählt ihm von der Ketzerei und von der heiligen Mutter Kirche und schickt ihn nach Annecy, zu einer gewissen Madame de Warens. Das ist der für die neuen Taufanwärter vorgesehene Weg.

Jean-Jacques hatte sich eine «alte, hochnäsige Betschwester» vorgestellt. Da kommt ihm eine hübsche Frau von neunundzwanzig Jahren, anmutig und verführerisch entgegen: «... ich erblicke ein liebreizendes Antlitz mit schönen blauen, sanften Augen, eine blendende Haut und die Umrisse eines bezaubernden Busens» (*Bekenntnisse*, S. 94). Die Liebe packt ihn auf den ersten Blick, und so sinkt der junge Mann gleichzeitig in die Arme des Katholizismus und der reizenden Dame, die ihn vielleicht auch über den frühen Tod seiner Mutter hinwegtröstet.

Madame de Warens war eigentlich eine ehrgeizige und verwegene Abenteurerin, die zunächst ihr Geschäft im industriellen Bereich machen wollte und in Vevey eine Fabrik für Seiden- und Wollstrümpfe gegründet hatte. Schon bald war das Unternehmen vom Untergang bedroht, und so setzte sie sich in einer Julinacht des Jahres 1726 nach Aix ab, wobei sie den Schmuck sowie die Kasse des Unternehmens und einen Teil der Waren, dazu das häusliche Silber, Geschirr, Wäsche, Bettdecken und Nippes mitnahm. Bald darauf fand man Madame de Warens zu Füßen des Bischofs von Annecy, Monseigneur de Bernex, wieder, dem sie ihre Seele anvertraute. Nach einem Aufenthalt im Kloster der Heimsuchung schwor sie am 8. September 1726 dem Protestantismus ab. Zehn Tage später setzte ihr der König von Savoyen, Viktor Amadeus I., eine Pension von fünfzehnhundert Livres aus, die die Bischöfe von Annecy und Maurienne aufzustocken beschlossen, damit sie ein Haus führen konnte, in dem sie Neubekehrte aufnahm und ganz nebenbei den Kundschaftern des Königs einige Hinweise lieferte.

Jean-Jacques bleibt nicht lange bei der schönen Konvertitin. Sein Weg führt ihn nach Turin, wo er am 12. April 1728 im Hospiz zum Heiligen Geist als Katechumene aufgenommen wird, am 21. dem reformierten Glauben abschwört und sich am 23. in der neuen Religion taufen lässt. Er nutzt seinen Aufenthalt dazu, die Stadt zu durchstreifen, Bauwerke zu besichtigen, Musik zu hören und sich einigen bescheidenen amourösen Abenteuern hinzugeben.

Aber er muss von etwas leben. Rousseau wird zunächst Lakai bei Madame de Vercellis, wo es ihm sehr gut gefällt, wo er aber erstmals in einen schweren Gewissenskonflikt gerät, als man die Köchin Marion aus dem Hauses weist, weil er sie beschuldigt, ein Band gestohlen zu haben, das er selbst entwendet hat. Hier lernt er auch Abbé Gaime kennen, der zu einem der Vorbilder für den Savoyer Vikar im *Emile* wird. Als Madame de Vercellis Ende des Jahres 1728 stirbt, irrt Jean-Jacques einige Wochen durch Turin, bevor er in den Dienst des Comte de Gouvon tritt. Der jüngste, für das Episkopat ausersehene Sohn des Hauses lehrt ihn Latein und Italienisch. Sein einflussreicher Gönner könnte ihm zu einer diplomatischen Laufbahn verhelfen, doch er strebt bereits einem neuen Abenteuer entgegen.

In den Straßen Turins trifft er einen Genfer Jungen namens Bâcle wieder, mit dem er seinerzeit zusammen in der Lehre war. Die beiden werden bald unzertrennlich und beschließen, gemeinsam durch Piemont, Savoyen und Frankreich zu wandern und unterwegs einen kleinen, unterhaltsamen Apparat, einen sogenannten Heronsbrunnen, den der Abbé de Gouvon Rousseau geschenkt hat, zur Schau zu stellen. Dieses Spektakel zeitigt aber nicht die wunderbaren Erfolge, die sie sich davon versprochen haben: Zwar ergötzt der Brunnen mit seiner scheinbar endlos sprühenden Fontäne bisweilen auch eine Wirtin und ihre Mägde, aber ihre Zeche müssen die zwei Wanderbuschen beim Verlassen der Schenke dennoch bezahlen. Schließlich werden sie es selbst leid, immer wieder das empfindliche Gerät vorzuführen, und als es eines Tages zerbricht, werfen sie die Reste freudig weg. Über den Mont-Cenis und Chambéry erreichen sie Annecy, wo sich ihre Wege trennen.

Rousseau sucht wieder Zuflucht bei Madame de Warens, die ihn mütterlich aufnimmt: «Ich ward *Kleiner* genannt und sie *Mama»* (*Bekenntnisse*, S. 170). Erneut packt ihn das Lesefieber: die Zeitschrift *The Spectator* von Joseph Addison, der deutsche Naturrechtsphilosoph Samuel von Pufendorf, der scharfsinnige

Essayist Saint-Evremond, Voltaires Heldengesang auf Heinrich IV., *La Henriade*, das *Wörterbuch* von Bayle. Madame de Warens lehrt ihn, gut vorzulesen sowie in korrektem und elegantem Stil zu schreiben; außerdem erteilt sie ihm Unterricht in Musik und Gesang.

Dann kommt seine Beschützerin auf die Idee, ihn das Lazaristenseminar in Annecy besuchen zu lassen. Dort übt er sich darin, die Kantaten von Clérambault vom Blatt zu singen und freundet sich mit Abbé Gâtier an, der zum zweiten Vorbild für den Savoyer Vikar werden sollte. Aber schon nach zwei Monaten schickt man Jean-Jacques zu Madame de Warens zurück als einen Menschen, «der nicht einmal zum Priester zu brauchen» sei (*Bekenntnisse,* S. 190).

Als er nach Annecy zurückkehrt, ist Madame de Warens allerdings «in Geschäften» abgereist. Und so macht Rousseau sich auf nach Fribourg, gemeinsam mit dem Kammermädchen von Madame de Warens. Um die Reisekosten niedrig zu halten, beschließen die beiden, in kleinen Tagesetappen zu Fuß zu gehen. Jungfer Merceret gibt sich sanft, aufmerksam und anhänglich. Wahrscheinlich wäre sie gern Madame Rousseau geworden, doch ihre Annäherungsversuche sind vergebens. Sie kommen durch Genf und vor allem durch Nyon, wo Jean-Jacques seinen Vater in die Arme schließt, die Einladung seiner Stiefmutter zum Abendessen indes ablehnt. Er verspricht, ihn auf dem Rückweg wieder zu besuchen, aber als er in Lausanne eintrifft, lässt ihn der Anblick des Sees alles vergessen. Er beschließt zu bleiben.

Auch in Lausanne muss er von etwas leben. Rousseau tritt als Musiker auf, obwohl er nichts von Musik versteht, und gibt vor, aus Paris zu kommen, wo er noch nie war; dafür legt sich einen falschen Namen zu, ein Anagramm seines eigenen: Vaussore de Villeneuve. Bleibt nur noch, Schüler zu finden oder besser: Schülerinnen, was nicht allzu schwierig ist. Er hat sogar vor, seine Kompositionskunst zu beweisen, und schreibt ein Stück für ein Hauskonzert, das er selbst dirigiert. Das Ergebnis übertrifft die schlimmsten Befürchtungen: Katzenmusik! Die Musiker ersticken schier vor Lachen, das Publikum hält sich die Ohren zu, und der «Meisterkompositeur», unfähig zu beurteilen, ob man genau spielt, was er geschrieben hat, gerät ins Schwitzen, verzweifelt, wagt aber nicht davonzulaufen. Der Vorfall macht in Lausanne von sich reden, und am Ende fliegt seine Hochstapelei auf.

Dermaßen bloßgestellt, verlagert er seinen Wohnort nach Neuchâtel, wo er nach und nach die Musik tatsächlich erlernt – indem er sie unterrichtet. Den Winter 1730/31 verbringt er als Musiklehrer.

Auf einem seiner ausgedehnten Spaziergänge, die er so liebt, begegneter Rousseau eines Tages in einer Schenke einem Mann mit üppigem Bart und edlem Aussehen, der eine pelzverbrämte Münze und ein griechisch anmutendes, veilchenfarbenes Gewand trägt. Dieser seltsame Mensch befindet sich in großer Verlegenheit, denn er versteht weder Französisch noch Deutsch; da er Italienisch kann, kommt Rousseau ihm als Dolmetscher zu Hilfe. Aus Dankbarkeit lädt der Fremde ihn ein, sein Mahl mit ihm zu teilen. Dabei erzählt er ihm, er sei ein griechischer Prälat und Archimandrit von Jerusalem und sammle in Europa Geld zur Wiederherstellung des Heiligen Grabes. Schließlich trägt er ihm an, ihn als Sekretär und Dolmetscher zu begleiten. Gutes Essen, Reisen und die Aussicht, nach Jerusalem zu gelangen – das reizt unseren Abenteurer. Rousseau streift die Mönchskutte über und ergreift die Bettlerschale. In Fribourg erhalten die beiden Geldsammler eine bescheidene Summe, in Bern nimmt man sie etwas genauer unter die Lupe, und in Solothurn fliegt der Schwindel auf, als der französische Gesandte de Bonnac, bei dem sie vorsprechen, über Jerusalem, griechische Prälate und über das Heilige Grab besser als erwartet Bescheid weiß. Der hochstaplerische Mönch wird ausgewiesen, sein «Sekretär» hört sich hingegen so aufrichtig an, dass der Gesandte ihn bei sich behält. Jean-Jacques liest im Salon Gedichte des damals sehr berühmten (nicht mit ihm verwandten) Jean-Baptiste Rousseau, und er verfasst ein Loblied auf die Gattin des Gesandten.

Man bietet ihm an, in Monsieur de Bonnacs Dienste zu treten, aber die Stelle des Sekretärs ist besetzt und ihm schwebt ein anderes Ziel vor: Er bekundet den brennenden Wunsch, nach Paris zu gehen. Ein Monsieur Gaudard, ein Schweizer Oberst im Dienst Frankreichs, sucht gerade jemanden, den er seinem Neffen, der die militärische Laufbahn eingeschlagen hat, zur Seite stellen kann. Jean-Jacques nimmt dieses Angebot dankbar an, warum soll er nicht Soldat werden? Man gibt ihm Empfehlungsschreiben, Belehrungen und hundert Francs mit auf den Weg, und er bricht freudig auf – zu Fuß, jung, gesund und mit gut gefüllter Börse.

Paris ist schon damals eine Stadt der Gegensätze: auf der einen Seite die Marmorpracht seiner Bauwerke, das Gold seiner Salons, der Charme seiner Bewohner, aber auf der anderen Seite die Stadt voller Schmutz, ohne Luft und Sonne, mit stinkenden Straßen, hohen und schwarzen Häusern, überall Unrat, Geschrei, tausenderlei Widrigkeiten und viel trügerischer Schein in den herzlich und liebenswürdig gemeinten Beteuerungen. Für diese Stadt, in der er sich künftig noch mehrmals aufhalten und praktisch seine Tage beschließen soll, wird Rousseau stets ein zwiespältiges Gefühl, eine Mischung aus Faszination und Widerwillen empfinden.

Es zeigt sich, dass der knauserige Schweizer Oberst den Erzieher seines Neffen zu einer Art unbesoldetem Diener machen möchte. Also versucht Rousseau, sich woanders zu verdingen. Doch die Sehnsucht nach seiner lieben «Mama», Madame de Warens, lässt ihn nicht los. Vergebens hat er in Paris nach ihr forschen lassen. Als er erfährt, dass sie Richtung Savoyen, Schweiz oder Turin aufgebrochen sein soll, verlässt er Paris wieder, ebenfalls zu Fuß. Seinem Oberst schickt er von Auxerre aus eine Epistel in satirischen Versen (*Bekenntnisse*, S. 243), die folgendermaßen beginnt:

> «Du wähntest, alter Filz,
> dass krankhafte Manien
> mir Lust gemacht,
> Dir Deinen Neffen zu erziehen ...»

Auf dem Weg nach Lyon wird ihm die Gastfreundschaft eines Bauern zuteil, der aus Furcht vor der Steuer sein Brot versteckt.

«Er legte», so heißt es in den *Bekenntnissen* (S. 246), «den Keim zu jenem unausrottbaren Hass in mich, den mein Herz seitdem gegen die Plagen, denen man das unglückliche Volk unterwirft, und gegen seine Bedrücker genährt hat.»

In Lyon besucht er im Kloster vom Les Chazottes eine Freundin von Madame de Warens, Mademoiselle du Châtelet. Dort hat er ein höchst unangenehmes Erlebnis mit einem homosexuellen Abbé. Aber er begegnet auch einem Antoniner, Monsieur Rolichon, der ihn Noten abschreiben lässt. Und er macht die Bekanntschaft der erst vierzehnjährigen Suzanne Serre …

Im Herbst 1731 findet Rousseau in Chambéry Madame de Warens, seine liebe «Mama», wieder. Aber sie ist nicht allein; sie hat ihren Verwalter, Claude Anet, bei sich, der ihrem Herzen die gleiche Fürsorge widmet wie ihren Gütern. Als der Verwalter in den Beziehungen des jungen Mannes zu seiner Herrin gar Verwunderliches entdeckt, kommt es nicht etwa zum Streit, sondern zu einer höchst vergnüglichen *Menage à trois* mit dem jungen Rivalen.

Nun arbeitet Rousseau zum ersten Mal in seinem Leben wirklich: als Schreiber im Katasteramt. Er widmet sich ernsthaft seinem Beruf und nutzt ihn sogar, um sein Wissen zu erweitern. Für seine tägliche Arbeit eignet er sich Kenntnisse in Arithmetik und Geometrie an, und wenn man ihm glauben darf, bringt er es darin zu großer Geschicklichkeit. Darüber hinaus muss er auch Karten austuschen können; diese Tätigkeit weckt in ihm die Lust zum Zeichnen. Er malt Blumen, er zeichnet Landschaften, und eine Zeitlang fesselt ihn dies sehr.

Doch er widmet sich noch anderen Arbeiten. Lesen allein genügt ihm nicht mehr, er versucht sich selbst als dramatischer Autor. Um diese Zeit entwirft er ein einaktiges Lustspiel: *Narcisse ou l'Amant de lui-même* (*Narziss oder der Liebhaber seiner selbst*), das 1752 erstmals öffentlich aufgeführt wird. Das Motiv des Spiegels und der Einfall mit dem jungen, als Frau verkleideten Mann entsprechen durchaus den verborgenen Neigungen des jungen Autors. Allerdings sind weder Stil noch Aufbau des Stücks genial zu nennen.

Claude Anet führt ihn auch in die Botanik ein. Aber die

Musik nimmt ihn am meisten in Anspruch. Madame de Warens hat eine hübsche Stimme; beim Abkochen ihrer Arzneien und Pflanzenauszüge drängt Jean-Jacques sie bisweilen, mit ihm im Duett zu singen. Unterdessen brennt in der Küche der Sud an, «Mama» beschmiert dem «Kleinen» damit das Gesicht, und das alles bereitet ihm große Freude.

In jener Zeit gelangt Jean-Philippe Rameau mit seinen Kompositionen zu erstem Ruhm. Jean-Jacques begeistert sich für ihn, und da er genau zu dieser Zeit krank wird, hat er Muße, dessen *Traité de l'harmonie* (*Traktat über die Harmonie*) zu lesen. Er bemüht sich eifrig, dieses Werk zu begreifen; es erscheint ihm jedoch ziemlich verworren und unverständlich. Da er selbst Blockflöte, Violencello und vor allem Cembalo spielt, erwirkt er von Madame de Warens die Erlaubnis, jeden Monat ein kleines Konzert zu geben. Von da an träumt er nur noch von Akkorden, von Harmonien und Begleitungen. Madame de Warens singt; ein Franziskaner, Philibert Caton, singt ebenfalls; ein Tanzmeister und dessen Sohn spielen Geige; ein im Katasteramt angestellter Piemontese spielt Violoncello; Abbé Palais, ein junger Organist, begleitet auf dem Cembalo – und Jean-Jacques dirigiert das kleine Orchester.

Nun geht Rousseau nur noch widerwillig ins Katasteramt; er arbeitet fehlerhaft und ist von der Musik besessen. Am liebsten würde er sich ihr ganz verschreiben, obwohl der Stand eines Musikers so ungewiss ist. Mit Bitten und Schmeicheleien gelingt es ihm, seine Gönnerin zu überreden: acht Monate nach seinem Eintritt sucht er voller Stolz beim Direktor des Amtes um seine Entlassung nach.

Rousseau möchte also Musiker werden, Komponist. Noten lesen kann er leidlich, nun braucht er noch einen Lehrer. Er hat von einem Abbé Blanchard, Kapellmeister an der Kathedrale von Besançon, gehört und beschließt, bei ihm Unterricht zu nehmen. Er reist ab, kommt durch Annecy, durch Genf und durch Nyon, wo er seinen Vater wiedersieht. In Besançon bereitet ihm Abbé Blanchard einen glänzenden Empfang, lädt ihn zum Abendessen ein, lässt ihn vorsingen, stellt ihm allerlei Fragen und sieht in ihm ein erstaunliches Talent zum Komponieren. Aber leider befindet er sich im Aufbruch nach Paris, um die Nachfolge des alten und kranken Kapellmeisters am königlichen Hof anzutreten. Der Abbé verspricht, Jean-Jacques eine günstige Stelle bei Hofe zu verschaffen und ermuntert ihn, sich derweil im Komponieren weiterzubilden.

Da Rousseau nun keinen Lehrer hat, unternimmt er eigene Anstrengungen. Er studiert Rameau, begreift ihn endlich und unternimmt einige Kompositionsversuche, deren Erfolg ihn ermutigt. Um seinen Lebensunterhalt zu bestreiten, erteilt er wie ehedem Unterricht. Es mangelt ihm nicht an Schülerinnen; diese höheren Töchter sind reizend, ihre Mütter gern äußerst entgegenkommend. So etwa eine Madame Lard, die Frau eines Krämers, die durchaus nicht abgeneigt wäre, ihn in ganz anderer Musik zu unterweisen. Jean-Jacques vertraut sich Madame de Warens an. «Mama erkannte, dass die Gefahren meiner Jugend es nötig machten, mich endlich als Mann zu behandeln, und das tat sie denn auch, aber wohl auf die absonderlichste Weise, auf die jemals eine Frau bei solcher Gelegenheit verfallen ist ... Zum ersten Male fand ich mich in den Armen einer Frau, und einer Frau, die ich anbetete. War ich glücklich? ... ich fühlte mich, als beginge ich Blutschändung» (*Bekenntnisse,* S. 284 und 289).

«Der Kleine» ist zwanzig Jahre alt. «Mama» lässt es sich nun angelegen sein, aus diesem großen, schüchternen Jungen, der stets ein wenig linkisch wirkt, einen anziehenden Mann zu machen; sie unterweist ihn in der Kunst, sich zur Geltung zu bringen und in der großen Welt richtig aufzutreten. Sie schickt ihn zu einem Tanzlehrer und zu einem Fechtmeister, doch derlei Übungen entsprechen weder seinen körperlichen Fähigkeiten noch seiner geistigen Veranlagung. Bald gibt er auf.

Rousseau neigt vielmehr dem Studieren zu und er entwickelt einen unersättlichen Wissensdurst. Im Haus in Chambéry wimmelt es ständig von Neubekehrten, aber auch von Leuten, die irgendwelche Pläne schmieden, und von wunderlichen Käuzen, Scharlatanen, Fabrikanten und Alchimisten auf der Suche nach dem Stein des Weisen, die Millionenvermögen versprechen und am Ende keinen einzigen Taler besitzen. Madame de Warens mangelt es nie an neuen Plänen: Sie träumt davon, in Chambéry eine königliche Pflanzenschule anzulegen, der eine Apothekerschule angeschlossen werden soll. Als Rousseau selbst herumexperimentiert, kommt es beim Umgang mit chemischen Stoffen zu einer Explosion, die sein Sehvermögen schädigt: «Länger als sechs Wochen blieb ich blind und lernte auf diese Weise, mich nicht auf Experimentalphysik einzulassen, ohne ihre Anfangsgründe zu kennen» (*Bekenntnisse*, S. 318).

Die Bücher sind indes friedfertiger. Ein Monsieur de Conzié, Comte des Charmettes und Baron d'Arenthon, gewährt ihm Zutritt zu seiner reichhaltigen Bibliothek. Er liest Voltaire und fühlt sich dadurch literarisch berufen, beginnt Texte über Gott, über die Frauen und über die Redekunst zu Papier zu bringen. Er liest *Cleveland* von Abbé Prévost und abonniert den *Mercure de France*. «Auf diese Weise verbrachte ich zwei oder drei Jahre zwischen Musik, Gesangsstunden, Plänen und Reisen ... wünschte herzlich, mich zu irgendeiner Sache endgültig zu entschließen, wusste aber noch nicht wozu. Allmählich jedoch wurde ich mehr und mehr auf das Studium hingelenkt» (*Bekenntnisse*, S. 317).

Die Wahl eines neuen Berufs zeichnet sich nun etwas deutlicher ab. In einem Brief von 1735 an seinen Vater sieht er künftig nur dreierlei «Wirkungsbereiche», die ihm angemessen sein könnten: Musikunterricht, eine Stelle als Sekretär bei einem hohen Herrn oder als Erzieher in einer Familie. Aber er ist ebenso entschlossen, den Rest seiner Tage an der Seite seiner liebenswürdigen Beschützerin zu verbringen.

Claude Anet, der Verwalter und Liebhaber, stirbt im März 1734. Rousseau beweint das Ende dieses Dreiecksverhältnisses, «das vielleicht niemals seinesgleichen auf Erden gehabt hat» (*Bekenntnisse*, S. 295). Er übernimmt die Verwaltung von Madame de Warens' Gütern, was ihm mehr schlecht als recht gelingt. Die größte Mühe hat er jedoch damit, die Beziehung zu der Frau zu pflegen, die sich nun allein auf ihn konzentriert. Zum Glück hat er seine Reisen, die ihm das Gefühl gestatten, vermisst zu werden, und seine vielen unerklärlichen Krankheiten, die ihn jedes Mal schwächen und in deren Verlauf seine Gefährtin ihm wieder zu «Mama» wird.

Echte Verbundenheit, die er immer wieder so inständig sucht, findet er in der Natur. Vor den Toren von Chambéry, aber versteckt und einsam, liegt ein bezaubernder Ort, der den hübschen Namen Les Charmettes trägt: «Das Haus war sehr wohnlich. Vorn lag ein Terrassengarten, über ihm ein Weingarten, unter ihm ein Obstgarten, gegenüber ein Kastanienwäldchen, dicht dabei eine Quelle, höher in den Bergen Wiesen für das Vieh, kurz alles, was für die kleine Wirtschaft, die wir betreiben wollten, nötig war. Soviel ich mich der Zeit und der Daten noch erinnere, bezogen wir unsren neuen Besitz gegen Ende des Sommers 1736. Am ersten Tag, da wir dort schliefen, wusste ich mich vor Freuden kaum zu lassen. ‹O Mama›, sprach ich zu meiner geliebten Freundin, indem ich sie in die Arme schloss und sie mit Tränen der Rührung und der Freude benetzte, hier ist Glück, hier ist Unschuld. Wenn wir beides hier nicht finden, brauchen wir es sonst nirgends zu suchen›» (*Bekenntnisse*, S. 325).

Er rühmt seinen Garten Eden in dem Gedicht *Der Obstgarten der Madame de Warens*, dem zwar kein poetischer Erfolg beschieden ist, das uns aber Aufschluss darüber gibt, womit er sich dort beschäftigt. Und noch das sechste Buch der *Bekenntnisse*, das von dieser Zeit des Glücks ohnegleichen berichtet, gewährt uns recht vertrauliche Einblicke in diese Phase. Rousseau beginnt – trotz Geldnöten und ständiger gesundheitlicher Probleme – das Leben zu genießen, über die Nichtigkeit des Sterblichen zu meditieren und sich von ihren oberflächlichen Neigungen abzukehren; in Gesellschaft von Montaigne, Sokrates, Platon, Descartes, Huygens und Fontenelle unternimmt er philosophische und sternenkundliche Spaziergänge. Von Horaz bis Voltaire umgibt er sich gewissermaßen wahllos mit der gesamten Kultur, zeitgenössischer wie vergangener, sei es nun Philosophie, Geometrie, Geschichte, Geographie oder Hortikultur, um sein abgelegenes Liebesnest zu bevölkern. Doch vor allem rühmt er die Tugenden und guten Taten seiner «anbetungswürdigen Wohltäterin» und bemüht sich, all jenen zu widersprechen, die sie verleumden.

Im Juli 1737 – Rousseau ist eben fünfundzwanzig Jahre alt

2 Im idyllischen Les Charmettes, nahe Chambéry, erlebt Rousseau eine glückliche Zeit mit Madame de Warens.

und damit volljährig geworden – reist er nach Genf, um sich sein mütterliches Erbe zu holen. Unerkannt in einem Gasthof verborgen (er ist ja ein Abtrünniger!), wird er Zeuge von Straßenschlachten zwischen der Bürgerschaft und der Aristokratie: «Dieses entsetzliche Schauspiel machte einen lebhaften Eindruck auf mich, dass ich mir schwor, niemals an einem Bürgerkrieg teilzunehmen» (*Bekenntnisse,* S. 314).

Da Rousseau sich einen «Polypen am Herzen» einbildet, reist er weiter nach Montpellier, um den berühmten Doktor Fizes zu konsultieren; zur Behandlung seines anderen Herzleidens leistet er sich unterwegs eine liebenswürdige Krankenschwester namens Madame de Larnage. Im Februar 1738 kehrt er nach Les Charmettes zurück. Madame de Warens, die in seiner Abwesenheit ihre Ländereien ausgedehnt hat, ist nun eine «Großpächterin» geworden und hat sich einen neuen Verwalter genommen, Wintzenried, der zugleich ihr neuer Liebhaber ist.

Rousseau bleibt dennoch bei ihr. Er lebt zumeist allein in Les Charmettes und setzt seine Lektüren und seine Meditationen fort. Er schickt dem *Mercure de France* eine Antwort auf eine anonyme Denkschrift mit dem Titel *Si le monde que nous habitons est une sphère* (*Ob die Welt, die wir bewohnen, eine Kugel ist*). Er entwirft eine tragische Oper, *Iphis*, nach Ovids Metamorphosen. Und – etwas völlig anderes – er unterbreitet dem Minister des Königs von Sardinien einen Plan, Postkutschen für den Transithandel einzusetzen. Und wenn man Baron Melchior von Grimm glauben darf, soll er zu jener Zeit außerdem eine Maschine erfunden haben, die es einem gestattet, sich in die Lüfte zu erheben.

Die Situation in der einstigen Idylle ist schmerzlich für ihn geworden und erfordert zu viel Heuchelei. So fasst Rousseau den Entschluss wegzugehen. In Lyon trägt man ihm an, die Kinder von Monsieur de Mably zu erziehen, Obervogt des Marschallgerichts zu Lyon, Forez und Beaujolais.

Rousseau hat Sinn und, wie er meint, Begabung für seine neuen Aufgaben. Doch bald muss er einsehen, dass er als Lehrer im Wesentlichen gescheitert ist. Er hat zwei Schüler mit unterschiedlichen Temperamenten. Der Erstgeborene, fünfeinhalb Jahre alt, ist aufgeweckt, leichtsinnig und boshaft; der andere, der (nach seinem berühmten Onkel) Condillac heißt, ist nahezu behindert, sehr verspielt und eigensinnig, er lernt fast nichts. «Ich wusste ihnen gegenüber», so berichtet Rousseau in den *Bekenntnissen* (S. 382), «nur drei Mittel anzuwenden, die Kindern gegenüber stets nutzlos und gar oft gefährlich sind, nämlich Gefühl, Vernunft und Zorn.» Die beiden ersten wendet er auf den Älteren an, aber der lacht nur über die gefühlvollen Tiraden seines Erziehers oder beantwortet seine Spitzfindigkeiten mit anderen Spitzfindigkeiten. Der kleine Condillac ist noch schlimmer, und es ist sein größter Triumph, wenn sein Lehrer wütend wird. Rousseau erkennt seine Fehler, aber er ist machtlos.

In jener Zeit verfasst er einen *Erziehungsplan für Monsieur Sainte-Marie* (so heißt der ältere seiner Zöglinge), dessen Programm – Herz, Urteilsvermögen und Verstand bilden – nicht sehr originell ist und noch kaum die Revolution des *Emile* erahnen lässt. Aus dem Studienprogramm geht hervor, dass Rousseau wohl gehofft hat, lange bei Monsieur de Mably zu bleiben.

Nach einem Probejahr belässt er es aber dabei. Sein Aufenthalt im Haus Mably hat ihm zumindest die Gelegenheit verschafft, Kontakte zu mehreren Persönlichkeiten der Lyoner Gesellschaft zu knüpfen: zu Condillac und Abbé de Mably, den beiden Brüdern des Obervogts; zu dem Freidenker Charles Bordes und dem Chirurgen Parisot, denen er später Briefe in Versen in der Manier von Boileau widmet; zum Musiker David und zu einem reichen Lyoner namens Perrichon. Weltoffen und skeptisch, halten sie alle sich etwas auf ihre Philosophie und ihr Freidenkertum zugute; sie ermutigen Rousseau, eine literarische Laufbahn einzuschlagen.

Der kehrt nun nach Chambéry zurück. Dort schreibt er Verse und konzipiert eine Oper: *La découverte du Nouveau Monde* (*Die Entdeckung der Neuen Welt*), für die er die Noten zum Prolog und zum ersten Akt zu Papier bringt. Größere Hoffnung aber setzt er in sein neues System, Musik statt mit herkömmlichen Noten mit Zahlen aufzuzeichnen: «Von diesem Augenblick an hielt ich mein Glück für gemacht» (*Bekenntnisse*, S. 388). Doch eine solche Goldgrube lässt sich nicht in der Kleinstadt Chambéry ausbeuten. Er verkauft eilends seine Bücher, kratzt seine bescheidenen Ersparnisse zusammen und bricht am 10. Juli 1742 nach Paris auf. Er ist gerade dreißig Jahre alt.

3. Der Musiker
Notenschrift, Pariser Leben, Venedig
1742–1749

Nach einem kurzen Aufenthalt in Lyon, wo er Bekannte besucht und sich einige Empfehlungsschreiben besorgt, trifft Rousseau in Paris ein, mit nur fünfzehn Louis d'or Barschaft, seinem Lustspiel *Narziss* und seiner Notenschrift. Er steigt im Gasthof Saint-Quentin in der Rue des Cordiers nahe der Sorbonne ab: «... die Straße war hässlich, hässlich war das Haus, und hässlich war mein Zimmer, aber dennoch hatten in diesem Gasthaus sehr tüchtige Männer gewohnt, nämlich Gresset (der ehemalige Jesuit, der seinen Orden verlassen und sich der Literatur zugewandt hat), Bordes und die Abbés von Mably, von Condillac und noch mehrere andere» (*Bekenntnisse*, S. 400). Jean-Jacques trifft dort jedoch nur einen Krautjunker an, der ihn aber mit Roguin aus Yverdon in Verbindung bringt, durch den er später Diderot kennenlernt.

Rousseaus Empfehlungsbriefe bescheren ihm zwar wohlwollende Aufnahme in mehreren Häusern, doch seine Gönner haben ihm nichts Konkretes anzubieten. Aber schließlich erreicht Réaumur, der als einer der erlauchtesten Gelehrten von Paris gilt, dass das Memorandum über die Notenschrift in Zahlen an der Akademie der Wissenschaften gelesen wird, und am 22. August 1742 wird Rousseau eingeladen, seine Erfindung persönlich vorzutragen.

Er ist mit seinem Auftritt ziemlich zufrieden: Die Versammlung der Gelehrten schüchtert ihn nicht allzu sehr ein; er liest gut, antwortet korrekt; schließlich findet seine Denkschrift Anklang und bringt ihm die schmeichelhaftesten Komplimente ein. Drei Kommissäre werden ernannt und mit einem Gutachten beauftragt. Es wird am 5. September vorgelegt, und die Akademie stellt Rousseau ein Zeugnis aus. Daraufhin beschließt er, seine Denkschrift für eine Veröffentlichung umzuschreiben; sie erscheint im Januar 1743 unter dem Titel *Dissertation sur la musique moderne* (*Abhandlung über die moderne Musik*).

Rousseaus Idee besteht darin, dass die Musikwissenschaft im Prinzip darauf beruht, die Verhältnisse zwischen den Tönen zu beschreiben: Verhältnisse zwischen hohen und tiefen Tönen, je nach Anzahl der Schwingungen; Verhältnisse zwischen den Tonlängen, je nach der Dauer der Töne oder Pausen. Nun sind aber Zahlen die nächstliegende Art, Verhältnisse auszudrücken; das System der Aufzeichnung mit Hilfe von Zahlen scheint also von Natur aus das einzig Logische und das Beste zu sein.

Das vorgeschlagene System hat den Vorteil, dass es die seinerzeit sehr komplizierte Notenschrift vereinfacht. Die Anzahl der Taktarten verringert sich von vierzehn auf zwei; die jeweilige Taktart wird durch eine größer geschriebene Zahl an-

3 Rousseaus Notenschrift in Zahlen, die die Verhältnisse zwischen den Tönen wiedergeben, soll die traditionelle Notation vereinfachen. Sie erweist sich aber bei schnellen Passagen für die Musiker als schwerer lesbar.

gegeben, die am Anfang der Zeile oder des Musikstücks steht; jeder Takt wird zwischen zwei vertikale Taktstriche gesetzt, die zwei oder drei Zählzeiten eines Taktes werden jeweils durch ein Komma voneinander getrennt; innerhalb einer Zählzeit verbindet ein Strich alle Notenzahlen, die zusammen eine einzige Zeiteinheit bilden; Verlängerungen oder Synkopen werden durch einen Punkt in der Zahlenreihe ausgedrückt. Kurz, mit Rousseaus System wird die Musik zugleich logischer und klarer, sie ist einfacher aufzuzeichnen, die Notation ist leichter zu erlernen, weniger umfangreich, weniger diffus und weniger kostspielig im Druck. Es gibt nur einen stichhaltigen Einwand gegen dieses System, den Rameau dann auch prompt bemerkt: Die Aufzeichnung mit Hilfe von Zahlen erfordert eine so hohe geistige Wendigkeit, dass die Musiker nicht immer dem Tempo der Ausführung folgen können; das klassische System ist für sie nach wie vor übersichtlicher.

Obwohl Rousseau seine Methode mit Erfolg an einer jungen

Amerikanerin erprobt, die binnen dreier Monate in der Lage ist, jedes beliebige Musikstück vom Blatt zu lesen, bringt die Erfindung ihm nicht den erwarteten Ruhm und das entsprechende Vermögen ein. Doch sie hat wenigstens den Effekt, ihn bekannt zu machen und in die Pariser Salons einzuführen, in denen freisinnige Marquisen, brillante Intellektuelle und avantgardistische Abbés neuen Ideen zum Durchbruch verhelfen. So pflegt er regen Umgang mit dem Frühaufklärer Fontenelle und mit dem Romancier und Dramatiker Marivaux, der sich bereiterklärt, seinen *Narziss* zu überarbeiten. Eine besonders enge Beziehung knüpft er zu dem fast gleichaltrigen Denis Diderot.

Pater Castell, ein Jesuit, führt ihn bei einigen vornehmen Damen ein: Madame de Besenval und ihre Tochter nehmen ihn freundlich auf; gleich bei seinem Antrittsbesuch laden sie ihn, in Gesellschaft des Präsidenten Lamoignon, zu Tisch. Madame de Broglie macht ihm, während sie an ihr Cembalo tritt, die schmeichelhaftesten Komplimente über sein Notensystem; er liest seine *Epistel an Parisot* vor, die, wie er berichtet, seine drei Zuhörer zu Tränen rührt.

Die Begegnung mit der schönen Madame Dupin verläuft noch romantischer. Sie empfängt ihn beim Ankleiden. Jean-Jacques ist überwältigt und im Nu hat er sich in sie verliebt. Seine Besuche werden zahlreicher, zwei- oder dreimal pro Woche lässt er sich zum Essen einladen. Schließlich hält er es nicht mehr aus und schreibt ihr; drei Tage später erhält er seinen Brief mit einer «sehr kühlen Ermahnung» zurück. Die Dame empfängt und fördert ihn indes weiterhin, und so verringert Rousseau die Zahl seiner Besuche bei ihr nicht, bis ihm Monsieur de Francueil, Monsieur Dupins Sohn aus erster Ehe, zu verstehen gibt, dass seine Stiefmutter sie für zu häufig hält.

Madame Dupins Empfänge zählen zu den glanzvollsten von ganz Paris. Ihr Vermögen, oder vielmehr das ihres Mannes, der Generalsteuerpächter ist, ihre Schönheit, ihr Geist und ihre Liebenswürdigkeit ziehen die aristokratische und literarische Elite der Hauptstadt an: «Man traf bei ihr nur Herzöge, Gesandte und Ritter vom Orden des Heiligen Geistes» (*Bekenntnisse*, S. 413); die Rohan und die Mirepoix geben sich hier ein Stelldichein mit dem Akademiemitglied Fontenelle, dem einflussreichen Abbé de Saint-Pierre, dem Naturforscher Buffon, Voltaire und anderen. So verloren Jean-Jacques sich inmitten dieses illustrierten Kreises auch fühlt, so sehr nährt er doch die Hoffnung, früher oder später selbst etwas von diesem Glanz abzubekommen.

Hier lernt er Madame d'Epinay kennen, die später eine bedeutende Rolle in seinem Leben spielen wird. Sie ist die Mätresse von Monsieur de Francueil (dem späteren Großvater von George Sand), zu dem Rousseau eine intensive Freundschaft entwickelt. Zunächst verbindet die beiden die Musik. Bald wenden sie sich auch gemeinsam der Chemie zu. Um ihm näher zu sein, verlässt Jean-Jacques seinen Gasthof in der Rue des Cordiers und zieht in die Rue Verdelet im Stadtviertel Saint-Honoré ein. Dort ereilt ihn eine Lungenentzündung: «Oh, könnte man», so ruft er in den *Bekenntnissen* (S. 415) aus, «die Träume eines Fieberndes festhalten, welche großen und erhabenen Dinge würde man nicht bisweilen aus seinem Wahne emporsteigen sehen!» Was aus seinem emporsteigt, ist eine recht gefällige Ballettoper, *Les Muses galantes* (*Die galanten Musen*), außerdem das einaktige Prosalustspiel *Les Prisonniers de guerre* (*Die Kriegsgefangenen*). Nichts nennenswert Originelles, weder dem Inhalt noch der Form nach.

Endlich machen sich seine Beziehungen bezahlt. Als Monsieur de Montaigu zum neuen Gesandten in Venedig ernannt wird, schlagen die Damen de Besenval und de Broglie ihm Rousseau als Sekretär vor. Die Verhandlungen scheitern zunächst an Rousseaus Gehaltsvorstellungen, Montaigu reist mit einem anderen Sekretär ab, doch der überwirft sich, kaum in Venedig eingetroffen, mit seinem Herrn, so dass Rousseau herbeigerufen wird: er erklärt sich schließlich mit eintausend Franc Gehalt zuzüglich zwanzig Louis d'or Reisekosten einverstanden. So kommt es, dass Rousseau, nachdem er sich in rund einem Dutzend Berufen versucht hat, sich in ein Metier hineinversetzt sieht, das er nie ernsthaft erwogen hat: die Diplomatie.

Am 10. Juli verlässt er in der Postkutsche Paris, reist über Châlon, Lyon, Chambéry, Avignon zunächst nach Marseille

4 Im Alter von einunddreißig Jahren geht Rousseau als Sekretär des französischen Gesandten für ein Jahr nach Venedig.

ein, wo er sich vom 1. bis zum 5. August aufhält. Er schifft sich nach Toulon ein und erreicht am 11. August Genua, wo er bis zum 23. August im Lazarett in Quarantäne bleiben muss; sein «Zwangsaufenthalt» wird dank der Intervention des französischen Gesandten, Monsieur de Jonville, abgekürzt. «Ich setzte meinen Weg aufs angenehmste durch die Lombardei fort, sah Mailand, Verona, Brescia, Padua und langte endlich, von meinem Herr Gesandten ungeduldig erwartet, in Venedig an» (*Bekenntnisse*, S. 420).

Bei seiner Ankunft findet Rousseau einen Berg von Papieren, die der Herr Gesandte ehrfürchtig für ihn aufbewahrt hat, da er sie nicht entschlüsseln und demnach in ihrer Bedeutung nicht einschätzen kann. Rousseau, der bis dahin nicht wusste, was eine ministerielle Chiffreschrift ist, hat damit nicht die geringste Mühe und arbeitet sich rasch ein. Am 14. September verfasst er seine erste diplomatische Depesche.

Er ist, ohne den Titel innezuhaben, Gesandtschaftssekretär geworden und legt in dieser Stellung eine Unerbittlichkeit, Gewissenhaftigkeit und Gewandtheit an den Tag, die man ihm nicht zugetraut hätte. Nicht zu Unrecht rühmt er sich selbst als gerechten, aber unbeugsamen Verteidiger der Rechte Frankreichs. Die Gesandtschaft genießt eine Art Sonderstatus als Freistätte oder Zufluchtsort, den er aufrecht erhalten kann. Er bringt auch Ordnung in die Gewinne, die das Gesandtschaftspersonal aus der Ausstellung von Pässen schöpft, und obendrein kann Rousseau Italienisch.

Rousseau zieht weidlich Nutzen aus dem Leben in Venedig, das im Glanze fortwährender Feste und vielfältiger Vergnügungen strahlt. Er besucht die gemischten Gesellschaften, zu denen jeder seine Frau, seine Freundin oder seine Geliebte mitbringt und bei denen man musiziert, tanzt und bisweilen Karten spielt. Jean-Jacques ist mit den Vorurteilen eines jeden guten Franzosen gegen die italienische Musik in Venedig eingetroffen, doch es dauert nicht lange, bis er seine Meinung ändert und dieser Musik mit einer nicht mehr versiegenden Leidenschaft verfällt. Er ist glücklich, wenn er sich mit seiner eigenen Gondel zur Oper begeben, sich in seine Loge einschließen und nach Herzenslust die herrlichen Arien genießen kann, die dort gesungen werden. Aber den größten Gefallen findet er daran, sonntags während der Vesper den armen Mädchen der *Scuole della Misericordia* zu lauschen, die, hinter den Gittern der Tribünen verborgen, Motetten singen. Doch letzten Endes möchte er auch selbst musizieren. Er mietet sich ein Cembalo und findet Mittel und Wege, mit vier oder fünf Musikern kleine Konzerte zu veranstalten. Dazu übt er die schönsten Opernausschnitte, die er gehört hat. Er probt auch verschiedene Weisen aus seinen *Galanten Musen*; um das Maß seines Glücks voll zu machen, werden zwei Ballettstücke daraus im berühmten Chrysostomos-Theater gespielt und getanzt.

Natürlich sucht er auch andere Vergnügen. Der französische Konsul, in dessen Haus Rousseau regelmäßig verkehrt, hat zwar zwei Töchter, doch Jean-Jacques kann sich nicht erlauben, ein Auge auf sie zu werfen; als Geliebte würden sie seine finan-

5 Rousseau, in einer Gondel stehend, verhandelt mit dem Kapitän eines französischen Handelsschiffes – im Hintergrund der Dogenpalast von Venedig.

ziellen Möglichkeiten übersteigen. Da verfällt er auf den Gedanken, sich gemeinsam mit seinem Kollegen Carrio, dem Sekretär des spanischen Gesandten, eine Geliebte zu unterhalten. Mit dieser Absicht schicken sie sich an, ein blutjunges Mädchen erziehen zu lassen, das vorerst für ihre Gelüste allerdings noch zu jung ist. Aber das arme Kind erregt ihr Mitleid so sehr, dass sie es lieber beschützen als benützen. Sie trösten sich mit Kurtisanen, u.a. mit Zulietta und mit Padoana: «Ich konnte nicht fassen, dass man aus den Armen der Padoana sollte ungestraft hervorgehen können. Es kostete den Arzt alle nur erdenkliche Mühe, mich zu beruhigen» (*Bekenntnisse*, S. 448).

Unterdessen werden seine Beziehungen zum Gesandten immer angespannter. Dessen Inkompetenz, Dünkelhaftigkeit und Starrsinn bringen den Sekretär ständig in Bedrängnis. Zunächst erfährt er nur kleine Kränkungen. Später zahlt Montaigu, um ihn am Fortgehen zu hindern, sein Gehalt nicht mehr aus. Interventionen wohlwollender Bekannter vertiefen nur den Zwist, so dass Rousseau schließlich vor der Alternative steht, seine Entlassung abzuwarten oder selbst seinen Abschied zu nehmen. Er geht, erhobenen Hauptes und mit der Würde eines römischen Senators. Vierzehn Monate hat er bei Monsieur de Montaigu zugebracht.

Aber es gilt noch, in Paris seinen Ruf zu retten und sich beim Minister für auswärtige Angelegenheiten gegen die Verleumdungen zu wehren, die der rachsüchtige Montaigu gegen ihn verbreitet hat. Schon von Genf aus, wo er auf seinem Weg über Bergamo, Como, die Borromäischen Inseln, den Simplon, Sion, Lausanne und Nyon eintrifft, versucht er, sich wegen seines Streits mit dem Gesandten in Venedig zu rechfertigen. Nach kurzem Aufenthalt in Lyon wieder in Paris angekommen, bemüht er sich dann vergebens, beim Minister Gerechtigkeit zu erlangen: de Montaigu ist eben de Montaigu, Gesandter und Franzose; Rousseau ist nur Rousseau, Sekretär und Schweizer; die Diplomatie besorgt den Rest. Ein Anlass für den Genfer, sich in den *Bekenntnissen* (S. 461) über diese bürgerlichen Einrichtungen zu entrüsten, «in denen das wahre öffentliche Wohl und die wahre Gerechtigkeit stets irgendeiner sogenannten scheinbaren gesetzlichen Ordnung aufgeopfert werden, die in Wirklichkeit jedoch jede Ordnung zerstört und der Unterdrückung des Schwachen und der Anmaßung des Starken nur die Bestätigung durch die staatliche Obrigkeit verleiht.»

Bald darauf wird Rousseau jedoch die Genugtuung zuteil, dass Montaigu abgesetzt wird. Und zu seiner Freude wird ihm auch noch sein Gehalt ausbezahlt. Er verwendet das Geld dafür, seine Schulden zu begleichen, besonders jene, die er in Venedig gemacht hat, und findet seine Börse danach so leer wie zuvor.

Rousseau ist in seinen kleinen Gasthof in der Rue des Cordiers zurückgekehrt. «Dort», so schreibt er in den *Bekenntnissen* (S. 465), «wartete meiner der einzige Trost, den mir der Himmel in all meinem Unglück beschieden hat und der es auch allein erträglich macht.» Während er in seiner kleinen Kammer an den *Galanten Musen* arbeitet, hält eine Dienstmagd die Weißwäsche des Hauses instand. Sie heißt Thérèse Levasseur. Wie in solchen Herbergen üblich, speist sie zusammen mit den Gästen, die gern ihre Scherze mit ihr treiben. Rousseau gefallen ihre Bescheidenheit, ihr sanftes Wesen und ihre Schüchternheit; er verteidigt das unschuldige Mädchen und erwirbt sich so seine Dankbarkeit. Weil er Thérèse retten will, gibt er sich ihr ganz hin. Er ist dreiunddreißig Jahre alt und erklärt ihr, dass er sie nie verlassen, aber auch niemals heiraten werde.

Was ist von diesem Verhältnis eines gebildeten Mannes mit einer jungen Frau zu halten, die nie richtig lesen gelernt hat, die weder die Stundenanzeige auf dem Zifferblatt einer Uhr begreift noch die Reihenfolge der zwölf Monate des Jahres kennt, die weder Geld zählen noch den Preis irgendeiner Ware einschätzen kann und die beim Sprechen oft Wörter benutzt, die das Gegenteil dessen bedeuten, was sie eigentlich sagen will? Vielleicht verkörpert sie ganz einfach eine natürliche Weiblichkeit, die Rousseau diesseits und jenseits aller Kultur sucht, diesen «Ankerplatz», dessen er auf seinen Irrwegen bedarf. Was ihn sein Leben lang an Thérèse fesseln wird, drückt er einmal in den *Bekenntnissen* (S. 468 ff.) mit folgenden Worten aus: «Aber dieses beschränkte und, wenn man so will, dumme Frauenzimmer vermag einem in schwierigen Umständen treffliche Ratschläge zu erteilen. Oft hat sie in der Schweiz, in England, in Frankreich, in den Katastrophen, die über mich hineinbrachen, Dinge gesehen, die ich selber nicht einmal wahrgenommen; sie hat mir stets am besten geraten, mich oft vor Gefahren bewahrt, in die ich blind hineinstürzen wollte, und ihre Empfindungen, ihr gesunder Verstand, ihre Antworten und ihr Benehmen haben ihr vor den hochgestellten Damen und vor Großen und Fürsten allgemeine Achtung eingetragen und mir Glückwünsche für ihren Wert, deren Aufrichtigkeit ich fühlte.» Und er fügt hinzu: «Ich fand in Thérèse die Ergänzung, deren ich bedurfte.»

Die *Galanten Musen* sind endlich fertiggestellt. Bleibt noch, die Oper aufführen zu lassen. Sollte es ihm gelingen, für sein Werk Rameaus Schutz und Fürsprache zu erringen, wäre der Erfolg gesichert. Zu einer persönlichen Begegnung mit dem Musiker verhilft ihm die Familie de la Pouplinière, die in der

Rue de Richelieu ein hochherrschaftliches Haus unterhält, das sich rasch zu einem Zentrum des künstlerischen und gesellschaftlichen Lebens entwickelt hat. Man traf dort Voltaire, die Maler Van Loo und de La Tour, den Kanzler d'Aguesson, den Bankier Samuel Bernard ...

Der launenhafte Rameau lehnt jedoch zunächst ab, das Stück zu lesen. Als er es schließlich doch anhört, kommt er zu dem Schluss, sein Autor sei nur ein kleiner Plagiator ohne Talent und ohne Geschmack: «Zu meiner Überraschung», äußert Rameau, «fand ich darin sehr schöne Violin-Arien in durchaus italienischem Geschmack und gleichzeitig Allerschlechtestes in französischer Musik ... Dieser Kontrast überraschte mich.» (Jansen, S. 97). Und er fährt fort, dass er deutlich erkannt habe, «die französische Musik ist sein Werk, und die italienische hat er geplündert ...» (ibid.). Monsieur de la Pouplinière, der das Werk in seinem Hause spielen ließ, ist dagegen begeistert. Der Duc de Richelieu möchte es ebenfalls hören, und so wird es in seinem Beisein auf Kosten des Königs «mit vollem Chor und vollem Orchester» aufgeführt. «Herr Rousseau, sagt der Herzog nach der Vorstellung, das ist Harmonie, die entzückt; ich habe nie etwas Schöneres gehört, ich will dies Werk in Versailles geben lassen» (Jansen, S. 98). Die *Galanten Musen* gelangen dann doch nicht an den Hof. Zwei Jahre später, 1747, werden sie in der Oper aufgeführt, und 1761 vor dem Prinzen Conti.

Von seinem Erfolg ermutigt, ergreift Rousseau die neue Gelegenheit, die sich ihm bietet, als ihm der Duc de Richelieu, noch ganz vom Siegesglanz von Fontenoy umgeben, einen Auftrag erteilt. Zu Beginn des Jahres 1745 ist unter hohen Kosten in Versailles Voltaires Lustspiel *La Princesse de Navarre* (*Die Prinzessin von Navarre*) in Szene gesetzt worden, zu dem Rameau die Musik geschrieben hat. Nun wird Rousseau damit betraut, den Text des inzwischen in *Les Fêtes de Ramire* (*Ramiros Feste*) umbenannten Werks zu überarbeiten und neben einer neuen Ouvertüre alle Rezitative neu zu komponieren, nur Rameaus Arien sollen beibehalten werden. Diese an sich wenig anregende Aufgabe bietet den Anlass zu einem ersten Briefwechsel zwischen Rousseau und Voltaire, wobei der eine seinen «elenden Entwurf» freigibt und es dem «absoluten Meister» anheimstellt, ihn nach Belieben umzugestalten, während der andere sich darauf beschränkt, an den Versen «nur sehr wenig» zu verändern. Das Stück wird am 22. Dezember 1745 in Versailles aufgeführt. Rousseau, der erkrankt, kann die Vorstellung nicht besuchen.

Geld fließt ihm indes keineswegs in Strömen zu, dabei muss Rousseau Thérèses vielköpfige Familie ernähren, die bei ihm einfällt, und außerdem Madame de Warens unterstützen, um deren Finanzen es äußerst schlecht bestellt ist. Bei Madame Dupin und Monsieur Francueil nimmt er für achthundert oder neunhundert Francs wieder eine Stelle als Sekretär an. Er schreibt nach Madame Dupins Diktat und hilft ihr, ein Werk über das Verdienst der Frauen zu verfassen, das sie gemeinsam mit ihrem Mann vorbereitet, wobei er auch seine Kenntnisse in Politik, Geschichte und Völkerkunde beträchtlich erweitern kann, denn er liest und kopiert für seine Gönnerin zahlreiche Reiseberichte und geographische Beschreibungen. Mit Francueil widmet er sich der Chemie. Nach der Arbeit nimmt er in der Wohnung, die er ganz oben in der Rue Saint-Jacques gemietet hat, mit Thérèse ein bescheidenes Mahl ein.

Die übrige Zeit, wenn ihm denn welche bleibt, gehört seinen Freunden, zu denen in erster Linie Diderot zählt, der ihm seine Übersetzung von Shaftesburys *An inquiry concerning virtue or merit* (*Untersuchung über Tugend und Verdienst*) und sein Manuskript der am 7. Juli 1746 vom Parlament verbotenen *Pensées philosophiques* (*Philosophische Gedanken*) zu lesen gibt. Er freundet sich auch mit Condillac an und rühmt sich, er habe dazu beigetragen, einen Verleger für dessen *Essai sur l'origine des connaissances humaines* (*Essay über den Ursprung der menschlichen Kenntnisse*) zu finden, und ihn mit Diderot in Verbindung gebracht. Alle drei treffen sich einmal in der Woche im Palais Royal und speisen gemeinsam im *Panier fleuri*. Bei einer dieser Zusammenkünfte fassen Rousseau und Diderot den Plan, unter dem Titel *Le Persifleur* (*Der Spötter*), eine kritische Zeitschrift über die französische und die ausländische Lite-

6 Rousseau mit Thérèse Levasseur beim Frühstück. Das ungleiche Paar lebt jahrzehntelang harmonisch zusammen. 1768 heiraten sie sogar; ihre gemeinsamen Kinder geben sie jedoch in ein Findelhaus.

ratur herauszugeben. Jean-Jacques übernimmt die erste Ausgabe; es erscheint nie eine zweite.

Mit der Familie Dupin hält er sich gern auf Schloss Chenonceaux auf. Dort verfasst er *L'Allée de Syvie* (*Sylviens Allee*), ein Poem über die Schwermut einer jungen, zu empfindsamen Seele, die sich nach Liebe sehnt und sich zugleich vor ihr fürchtet. In drei Tagen bringt er *L'engagement téméraire* (*Die verwegene Werbung*) zu Papier, ein Lustspiel in drei Akten, bei dem er da und dort, aber vor allem bei Marivaux entlehnt.

«Während ich in Chenonceaux dick wurde, wurde es meine arme Thérèse in Paris, freilich auf andere Weise»: Im Winter 1746 wird ihr erstes Kind geboren; «... dann gab es die Hebamme in der üblichen Weise auf dem Bureau des Findelhauses ab. Im folgenden Jahre der nämliche Übelstand und derselbe Ausweg ...» (*Bekenntnisse*, S. 482 u. 485). Den drei weiteren Kindern, die folgen, ist dasselbe Los beschieden.

Im Mai 1747 stirbt Rousseaus Vater im Alter von nahezu fünfundsiebzig Jahren. Jean-Jacques erbt eintausendfünfhundert Gulden.

Im Januar 1749 sagt er zu, für den von Diderot und d'Alembert herausgegebenen *Dictionnaire universel des arts et des sciences* (*Universalwörterbuch der Künste und Wissenschaften)* einige Artikel über die Musik zu verfassen. Er setzt seine autodidaktischen Studien fort, durchstöbert alte Bücher und lernt Griechisch. An Madame de Warens schreibt er in jener Zeit: «Jeder hat seine Waffen: anstatt Chansons auf meine Feinde zu dichten, richte ich gegen sie Dictionnaire-Artikel; sie sind gewiss ebensoviel wert wie jene, und sie werden längere Dauer haben.» (Jansen, S. 117). In der Tat ist Rameau von den Artikeln nicht begeistert und deckt voller Schadenfreude die darin enthaltenen Widersprüche und Bildungslücken auf.

Rousseaus Laufbahn wird nun aber unversehens eine andere Richtung nehmen.

4. Der Bekehrte
Umwälzende Abhandlungen
1749–1755

Am 24. Juli 1749 wird Diderot gefangengenommen, da man ihm – im Grund harmlose – Spötteleien in seinem *Lettre sur les aveugles* (*Brief über die Blinden*) vorwirft, in dem sich Monsieur de Réaumur und Madame Dupré de Saint-Maur, die Frau eines reichen Finanziers, wiederzuerkennen meinen. In Wirklichkeit legt man ihm zur Last, ein Denker zu sein, der vielfach provoziert, Gott und die Moral angreift und sich zu Sensualismus und Materialismus bekennt. Kraft eines königlichen Verhaftungsbefehls wird er im Turm von Vincennes eingekerkert und erst am 3. November wieder freigelassen.

Rousseau setzt alles daran, die Freilassung seines Freundes zu erwirken. Er schreibt sogar an Madame de Pompadour und versucht, seine Beziehungen spielen zu lassen. Diderot wird zwar aus dem Turm geholt, darf im Schlosspark spazieren gehen, seine Frau und seine Freunde empfangen, bleibt aber vorerst in Gefangenschaft. Rousseau besucht ihn mehrmals in der Woche, und meistens geht er zu Fuß dorthin.

Anlässlich eines dieser Besuche bei Diderot, im Oktober, kommt ihm auf dem Weg nach Vincennes eine Erleuchtung, über die er mehrfach berichtet, einmal im achten Buch der *Bekenntnisse* (S. 493): «Dieses Jahr 1749 brachte eine ungewöhnliche Hitze. Für den Weg von Paris nach Vincennes brauchte man zwei Stunden. Da ich nicht in der Lage war, Wagen zu nehmen, brach ich, wenn ich ihn allein besuchte, um zwei Uhr nachmittags zu Fuß auf... Die Bäume des Weges waren der Landessitte gemäß geschnitten, so dass sie gar keinen Schatten gaben; oft musste ich mich, von Hitze und Müdigkeit ermattet, auf den Boden strecken... Um meine Schritte zur Langsamkeit zu zwingen, kam ich auf den Gedanken, im Gehen zu lesen. Eines Tages hatte ich den *Mercure de France* bei mir, und während ich ihn nun im Gehe durchblätterte, fielen meine Augen auf die von der Akademie zu Dijon für das nächste Jahr aufgestellte Preisfrage: *«Hat der Fortschritt der Wissenschaften und Künste zum Verderb oder zur Veredelung der Sitten beigetragen?»* Sobald ich diese Zeilen gelesen, sah ich rings um mich eine andere Welt und ward ein anderer Mensch.»

In seinem Brief vom 12. Januar 1762 an Malesherbes (*Schriften* I, S. 483) schreibt er über das Ereignis: «Hat jemals etwas einer schnelleren Eingebung geglichen, so war es die Bewegung, welche in mir vorging, als ich diese Frage las. Auf einmal fühle ich, dass mein Geist von tausend Lichtern geblendet wird, ganze Massen lebhafter Gedanken stellen sich ihm mit einer Gewalt und in einer Unordnung dar, die mich in eine unaussprechliche Verwirrung versetzt; meinen Kopf ergreift ein Schwindel, welcher der Trunkenheit gleicht. Ein heftiges Herzklopfen beklemmt mich, hebt meine Brust empor; da ich gehend nicht mehr atmen kann, lasse ich mich am Fuße eines Baumes am Wege hinsinken und bringe eine halbe Stunde dort in einer Bewegung zu, dass ich beim Aufstehen den ganzen Vorderteil meiner Weste mit Tränen benetzt finde, ohne gefühlt zu haben, dass ich welche vergoss.»

Und in den *Bekenntnissen* (S. 494) erzählt er weiter rückblickend: «Ganz deutlich erinnere mich jedoch, dass ich in Vincennes in einer Erregung anlangte, die an Wahnsinn grenzte. Diderot bemerkte es, ich nannte ihm daraufhin den Grund und las ihm die Prosopopöie des Fabricius vor, die ich mit Bleistift unter einer Eiche entworfen hatte. Er spornte mich an, meinen Gedanken freien Lauf zu lassen und mich um den Preis zu bewerben. Ich tat es, und von diesem Augenblick war ich verloren. Der ganze Rest meines Lebens und all mein Leiden war die unvermeidliche Wirkung dieses Augenblicks der Verirrung... Meine Gefühle stimmten sich mit einer schier unbegreiflichen Schnelligkeit nach dem Ton, den meine Gedanken ihnen angaben. All meine kleinen Leidenschaften wurden durch die Begeisterung für die Wahrheit, die Freiheit und die Tugend erstickt, und das erstaunlichste daran war, dass dieses innere Gären und Leuchten länger denn vier oder fünf Jahre in einem hohen Grad vorhielt, wie es vielleicht noch niemals in dem Herzen eines anderen Menschen der Fall gewesen ist.»

Rousseau arbeitet an seinem Text, wobei er ihn sich in schlaflosen Nächten in Gedanken zurechtlegt und im Morgengrauen Madame Levasseur diktiert. Sobald er seine Antwort auf die gestellte Frage beendet hat, zeigt er sie Diderot, den er jeden Donnerstag, zusammen mit Grimm, bei Monsieur d'Holbach trifft. Der Text gefällt ihm, und er schlägt nur einige Verbesserungen vor. Die Abhandlung wird nach Dijon geschickt. Am 9. Juli 1750 zeichnet die Akademie, unter insgesamt dreizehn eingegangenen Arbeiten, Rousseaus Antwort mit dem Preis aus. Der *Discours sur les sciences et les arts* (*Abhandlung über die Wissenschaften und die Künste*) wird Ende desselben Jahres veröffentlicht. Der Erfolg lässt nicht lange auf sich warten.

«Ich sah rings um mich eine andere Welt und ward plötzlich ein anderer Mensch ...» – was geht da in Rousseaus Herzen vor, und welche Gefühle erweckt diese unerwartete Stellungnahme bei seinen Lesern?

Das Thema – die Kritik an Wissenschaften und Technik (in diesem Sinn ist «Künste» zu verstehen) zugunsten der Moral – war nicht neu, es ging seit Jahrhunderten in der Literatur um. Denken wir nur an Plato, Horaz, den Heiligen Augustinus,

Montaigne, auch die *Imitatio Christi*, eine Lieblingslektüre Rousseaus. Sokrates, Seneca und vor allem der geliebte Plutarch werden in den Zeugenstand gerufen. Die Akademie von Dijon schrieb dieses Thema wohl auch deshalb aus, weil es bereits Gegenstand manch widersprüchlicher Debatten war: Die Zensoren wurden bei Malesherbes, dem als Direktor des Buchamts höchsten Zensor, vorstellig und baten ihn, «Maßnahmen zu ergreifen, um diese abscheuliche Lehre im Keim zu ersticken», doch Malesherbes beachtete sie nicht. Im Gegensatz dazu spendete das Journal der Jesuiten, die *Mémoires de Trévoux*, lautstarken Beifall. Im Grund greift Rousseau unversehens das Anliegen eines ganzen Jahrhunderts, das der *Enzyklopädie*, auf, das blindlings auf den Fortschritt der Wissenschaften und der Techniken setzt, aber jäh am Sinn dieses Fortschritts für den Menschen zu zweifeln beginnt. Die Eloquenz der Abhandlung tut ihr Übriges.

Aber der ganz große Umschwung vollzieht sich in Rousseau selber. Es ist nicht übertrieben, wenn man mit Henri Guillemin von einer Bekehrung spricht oder sogar von einem umstürzenden Erlebnis auf dem Damaskusweg, wie der Apostel Paulus es erlebt hat. Rousseau wird mit einem Mal, um mit Kant zu sprechen, zum «Kopernikus der Moral», der in einer mit positivem Wissen übersättigten Welt mit erhobenem Zeigefinger auf die Bestimmung des Menschen, die ganz anderer Natur sei, weist.

Dabei stellt sich der Verfasser des *Discours* als «Bürger Genfs» vor. Das ist kein Zufall, er erscheint als Nachfolger Calvins, der anklagend auf den Verfall der Sitten seiner Vaterstadt zeigte. Von diesem Augenblick an lebt Rousseau konsequent mit den Prinzipien des Reformators: «Fest entschlossen, die wenige Zeit, die ich noch zu leben hatte, in Unabhängigkeit und Armut zu verbringen, ... ward ich von dem Kassierer eines hohen Finanzbeamten zum Notenabschreiber» , und er berichtet weiter in seinen *Bekenntnissen* (S. 508 ff.): «Ich begann die Umwandlung meiner Lebensweise an meiner Tracht, ich tat alles Gold und meine weißen Strümpfe und meinen Degen von mir, trug fortan eine runde Perücke und verkaufte meine Uhr.»

Jedenfalls ist dieser Reformator von einem ganz besonderen

Schlag: Als Prophet des Unheils schimpft und wettert er, beruft sich auf die Tugend, verkehrt aber weiterhin in den mondänen Salons. Ohne Heimatstadt und ohne Religion, glaubt er nicht, dass das Übel durch etwas, was man zu anderer Zeit eine «Reform» genannt hätte, einzudämmen sein könnte. Seine Zerrissenheit tritt offen zutage.

Der Erfolg der Abhandlung überrascht jeden, allen voran ihren Verfasser. Ein Jahr nach ihrem Erscheinen sprechen die Literaturgazetten noch immer von ihrer «aufsehenerregenden Veröffentlichung», und Grimm wird in einem Brief vom 15. Februar 1754 daran erinnern, dass das kleine Werk in Paris «eine Art Revolution» ausgelöst und den Ruf eines Schriftstellers von noch ungeahnten Fähigkeiten festgeschrieben hat. Es wird sich in ganz Frankreich verbreiten und auch das Ausland erreichen: Genf, die Schweiz, Deutschland, Holland ... Sein Echo wird bis ans Ende des Jahrhunderts widerhallen.

Rousseaus Eloquenz ist nun anerkannt. So bittet man ihn beispielsweise, die Grabrede auf den am 4. Februar 1752 verstorbenen Duc d'Orléans zu verfassen. Daneben verteidigt er weiterhin seine Abhandlung gegen die Philosophen und Wissenschaftler, die auf das Reich des Wissens nicht verzichten wollen, und wiederholt hartnäckig, dass er das Wissen nicht vernichten will.

Aber seine Leidenschaft gehört nach wie vor der Musik. Im Frühling des Jahres 1752 hält sich Rousseau einige Tage bei seinem Landmann Mussard in Passy auf. Sie musizieren, wobei sie sich vor allem für die italienische Musik begeistern. Beide kennen von ihren Italienaufenthalten die *Opera buffa*, und sie träumen davon, ihr auch in Frankreich zum Durchbruch zu verhelfen. Während eines Morgenspazierganges kritzelt Rousseau ein Paar Verse auf ein Papier und ersinnt sogleich dazu passende Melodien. Beim Nachmittagstee trägt er seine Komposition vor; sie erntet Beifall, und man ermutigt ihn, das begonnene Werk fortzusetzen. *Le Devin du Village* (*Der Dorfwahrsager*) ist geboren. In nur sechs Tagen steht das Stück bis auf «ein paar Verse», und die Musik dazu ist skizziert. Die Arbeit wird in Paris vollendet: in drei Wochen ist alles ins Reine geschrieben und zur Aufführung bereit.

Bleibt nur noch, das Werk auf die Bühne zu bringen. Duclos, der bekannte Autor einer *Geschichte Ludwigs XI.*, nimmt es auf sich, es unter dem Schleier der Anonymität den Direktoren der Oper vorzulegen. Der Erfolg der Probeaufführung macht indes die Geheimniskrämerei alsbald überflüssig; in allen Salons spricht man von nichts anderem mehr. Der Intendant der Hofbelustigungen verlangt das Stück, um es bei Hofe spielen zu lassen. Es muss Fontainebleau zur Verfügung gestellt werden, wohin Rousseau sich am 17. Oktober zur Generalprobe begibt. Die Aufführung einen Tag später wird ein Erfolg. Rousseau erscheint «incognito» mit langem Bart und schlecht gekämmter Perücke, aber dennoch ist er vom Beifall, den ihm Ludwig XV., Madame de Pompadour und all die glanzvollen Leute spenden, «zu Tränen gerührt».

Nach der Vorstellung lässt der König ihn für den nächsten Tag zu sich bitten, um dem Urheber des Stücks seine Zufriedenheit auszudrücken; man raunt sich zu, er wolle ihm eine Pension aussetzen. Diese Nachricht, die jeden anderen Komponisten froh gestimmt hätte, stürzt Rousseau in große Ratlosigkeit; in der folgenden Nacht findet er keinen Schlaf. Nach langem Zögern schiebt er schließlich «seine Gebrechen» vor (er hat in der Tat ein Blasenleiden), um sich im letzten Moment der Zeremonie zu entziehen; «Ich kehrte zu meinem Notenkopieren zurück», vertraut er am 22. Oktober dem Bankier Lenieps an. «Meine Obskurität gefällt mir zu gut, als dass ich mich dazu durchringen könnte, sie aufzugeben.» Diderot ist darüber sehr ungehalten.

Der König jedoch, wiewohl sonst der Musik nur wenig zugetan, trällert «mit der falschesten Stimme seines Königsreichs» den ganzen Tag unablässig die Arien aus dem *Dorfwahrsager*. Auf seinen Wunsch hin wird das Stück mehrfach in Bellevue, Trianon und in der Oper aufgeführt. Sein Erfolg ist unbestritten und wächst bis zu Rousseaus Tod noch an. Die Pariser Oper muss das Werk in ihr ständiges Repertoire aufnehmen, in Versailles, Strassburg und Lyon wird es ebenfalls gespielt. Immer wenn er anwesend ist, erntet der Komponist großen Beifall.

Aber die Welt bleibt, was sie ist. Mit seinem *Dorfwahrsager* wird Rousseau in einen Musikstreit hineingezogen, der anlässlich der am 1. August 1752 von italienischen Buffonisten auf der Bühne der königlichen Musikakademie aufgeführten Oper *La Serva Padrona* von Pergolesi entbrannt ist. Die Anhänger der französischen Musik stehen den Anhängern der italienischen Musik gegenüber. Grimm lässt gegen das «französische» Lager seinen *Petit Prophète* (*Der kleine Prophet*) erscheinen, der fälschlicherweise Rousseau zugeschrieben wird. Diderot gibt mindestens drei Broschüren im selben Sinn heraus. Bisher hat Rousseau es unterlassen, öffentlich dazu Stellung zu nehmen. Sein im April 1752 veröffentlichter *Brief an Herrn Grimm bezüglich der seinem Brief über Omphale zugefügten Anmerkungen* behandelt die französische Musik und selbst Rameau noch sehr schonend. Aber der Erfolg des *Dorfwahrsagers* macht ihn verwegen: er lässt Pergolesis Partitur stechen und veröffentlichen.

Damit mischt er sich in den Streit ein, und im November 1753 gibt er seinen *Lettre sur la musique française* (*Brief über die französische Musik*) heraus, in dem er unverblümt behauptet, Frankreich habe keine Musik und die französische Sprache mit ihren stummen Silben und ihren vielen stimmlosen oder nasalen Endungen sei völlig ungeeignet, Tonkunst zum Ausdruck zu bringen.

Der *Brief* steckt Paris an allen vier Ecken in Brand und löst bei Hofe große Aufregung aus: der Verfasser sieht sich schon auf dem Weg in die Bastille oder aus Frankreich ausgewiesen. Mehr als dreißig Schmähschriften antworten dem «Genfer Philosophen»; Rameau greift zur Feder und veröffentlicht seine *Observations sur notre instinct pour la musique et sur son principe* (*Bemerkungen über unseren Instinkt für die Musik und über ihr Prinzip*). Im Theater wird Rousseau verächtlich behandelt, die Musiker der Oper hängen sein Bild am Galgen auf; sein freier Eintritt wird ihm jäh gestrichen ... Daraufhin fordert Rousseau, allerdings vergebens, die Herausgabe der Partitur seines *Dorfwahrsagers*; man begnügt sich damit, ihm ein sehr dürftiges Honorar zu schicken.

Doch der erwartete Haftbefehl trifft nicht ein. Schließlich ist der *Dorfwahrsager* am 9. März 1753 mit Madame de Pompadour als Colin in Versailles gespielt worden, und die hochrangige Dame hat, von ihrem Erfolg beglückt, dem Komponisten eine Summe von fünfzig Louisdor zukommen lassen.

Im November 1753 veröffentlicht der *Mercure de France* die neue Preisfrage der Akademie von Dijon: «*Quelle est l'origine de l'inégalité parmi les hommes et si elle est autorisée par la loi naturelle?*» *(Welchen Ursprungs ist die Ungleichheit unter den Menschen, und wird sie vom Gesetz der Natur gebilligt?)*. Rousseau ist von der Tragweite und Verwegenheit der Frage verblüfft; er beschließt, auch darauf eine Antwort zu finden. Eine Woche lang zieht er sich nach Saint-Germain zurück, um unter dem günstigen Einfluss langer Waldspaziergänge über das Thema nachzudenken. Das Pariser Leben mit seinen Kabalen, Intrigen und Fehden ist ihm unerträglich geworden, zumal sich selbst seine Freunde unmerklich von ihm zurückgezogen haben. Tag für Tag unternimmt er lange Spaziergänge im Bois de Boulogne, sinnt über seine Werke nach und versucht, die Unruhe der Stadt zu vergessen. Er wartet nur auf eine Gelegenheit, sein Leben neu zu gestalten.

Der Verleger Gauffecourt, der sich seiner Geschäfte wegen nach Genf begeben muss, schlägt ihm danach vor, ihn zu begleiten. Rousseau willigt ein, und auch Thérèse reist mit. Am 1. Juni 1754 brechen sie zu dritt auf. Sie kommen durch Dijon, Lyon und Chambéry, wo er Madame de Warens, die nur noch ein kümmerliches Dasein fristet, seine Aufwartung macht. Kaum haben sie die Grenze überschritten, lässt sich das Paar in der Ortschaft Eaux-Vives, vor den Toren Genfs, nieder. Hier beendet Rousseau die «Widmung» seines *Discours sur l'origine de l'inégalité parmi les hommes* (*Abhandlung über den Ursprung der Ungleichheit unter den Menschen*).

Sein Ruf ist ihm nach Genf vorausgeeilt; er wird begeistert empfangen, umschwärmt, von allen Seiten gefeiert. Die Freude des «Genfer Bürgers» ist nicht zu überbieten: «Kein Zweifel», so schreibt er am 20. Juli an Madame Dupin, «diese Stadt erscheint mir als eine der anmutigsten der Welt, und ihre Bürger sind die weisesten und glücklichsten Menschen, die ich kenne.»

Der Pfarrer der Gemeinde Cologny, der die Ortschaft Eaux-Vives untersteht, erklärt sich bereit, beim Konsistorium in Genf den Antrag auf Rousseaus Wiedereinbürgerung zu stellen: und damit «ergab sich von selbst, dass ich, sobald ich ein Bürger sein wollte, auch Protestant werden und das in meinem Vaterland herrschende Bekenntnis annehmen musste» (*Bekenntnisse*, S. 551). Er wird nicht vor den Hohen Rat zitiert, und der Kniefall wird ihm ebenso erlassen wie die Zeremonie der Abbitte vor dem gesamten Konsistorium – wegen der Krankheit, an der er leidet, wegen seiner Schüchternheit und wegen seiner «lauteren und untadeligen» Sitten, so steht es in den Protokollen, vor allem aber wohl wegen seines Ansehens als Schriftsteller und Komponist. Er braucht nur vor einer aus drei Pastoren und drei Professoren zusammengesetzten Kommission zu erscheinen, um sich einer Glaubensprüfung zu unterziehen, und dort gibt er in jeder Hinsicht zufriedenstellende Antworten.

Auf das «Bekenntnis zum Bürgertum» folgt die eigentliche «Bekehrung» nach einem Zeitraum von vier Monaten, in denen er «alle Obliegenheiten eines guten Protestanten» erfüllt, die Psalmen singt und schließlich zum Abendmahl zugelassen wird. Nachdem er die bescheidene Gebühr von achtzehn Gulden entrichtet hat, wird er in das Verzeichnis der *Citoyens et Bourgeois* eingetragen, wodurch er alle verfassungsmäßigen Bürgerrechte wiedererlangt, und nimmt in der Kirche von Saint-Germain an einer außerordentlichen Versammlung des Allgemeinen Rates teil.

Gemeinsam mit Deluc und dessen zwei Söhnen unternehmen Rousseau und Thérèse eine einwöchige Fahrt rund um den Genfer See, an deren Zauber später zwei Briefe in der *Nouvelle Héloïse* (*Die neue Heloise*) erinnern werden. Während er die Ufer des Sees abschreitet und die Hänge erklimmt, denkt er weiter über die *Institutions politiques* (*Politische Institutionen*) nach und arbeitet an einem Artikel *Economie politique* (*Politische Ökonomie*), um den Diderot ihn für die Enzyklopädie gebeten hat; er übersetzt das erste Buch der *Historien* des Tacitus und plant, eine Geschichte des Wallis zu schreiben.

Im Oktober 1754 macht sich Rousseau, das Manuskript

seiner zweiten *Abhandlung* im Gepäck, mit Thérèse wieder auf den Weg nach Paris. Sobald er einige Angelegenheiten geregelt hat, verspricht er, wird er nach Genf zurückkehren und sein geliebtes Vaterland nie mehr verlassen.

Die *Abhandlung über den Ursprung der Ungleichheit* wird von den Mitgliedern der Akademie in Dijon nicht preisgekrönt. Aber was macht das schon? Rousseau strebt nicht mehr nach Ruhm. Wieder in Paris, übergibt er sein Manuskript dem Verleger Marc-Michel Rey, einem Genfer, der sich 1754 in Amsterdam niedergelassen hat. Am 20. März 1755 schickt Rey die ersten Druckbogen an Malesherbes, den königlichen Zensor, der am 12. Mai genehmigt, hundert Exemplare nach Paris einzuführen.

Das Werk, abstrakter als die erste *Abhandlung*, reich an intellektuellen Themen und wie ein System aufgebaut, erregt wenig Aufsehen, und sein Erfolg reicht kaum über den Kreis der Moralisten und Philosophen hinaus. Wie bei der ersten Abhandlung greift er das Thema einer ursprünglichen, instinktmäßigen und asozialen Natur des Menschen auf, die ihm erlaubt, jede zivilisierte Gestaltung grundsätzlich zu kritisieren. Nichtsdestoweniger löst es, ausgerechnet mit den Argumenten der Kultur, eine für die Entwicklung des abendländischen Denkens entscheidende soziale Umwälzung aus. Es schickt die theoretische Basis voraus, die dreißig Jahre später, von günstigen Umständen angefacht, die große Revolution entfesseln sollte. Wurzelnd im Naturzustand und sich widersprüchlich entwickelnd in der gesellschaftlichen Konstitution wird die Freiheit zum Banner einer neuen Menschheit.

Rousseau hat sein Werk zunächst seinen Mitbürgern zugedacht. Seinen wiedererlangten Titel «Bürger von Genf» trägt er stolz zur Schau, und so hat er seiner *Abhandlung* von 1755 eine lange, «an die Republik zu Genf» gerichtete Widmung vorangestellt. Dazu ist er sehr darauf bedacht, ihren ersten Abdruck den Syndici der Republik vorzubehalten. Er hält eine Lobrede auf die «Hohen, Hochgeehrten und Souveränen Herren», wendet allerdings, was die vorherige Vorlage des Textes beim Kleinen Rat betrifft, ein, dass doch ein jeder wisse, dass auch der beste Zensor der Welt geneigt sei, aus den Werken, die er prüft, die Meinungen herauszustreichen, die nicht seinen eigenen entsprechen.

Trotz dieser kleinen Taktlosigkeit nimmt der Kleine Rat die Widmung zunächst wohlwollend auf. Jegliche Anspielung auf deren Inhalt unterbleibt, denn sie ist, wie man in der Ratsversammlung vom 18. Juni 1755 völlig zu Recht bemerkt, bereits gedruckt und lässt keine Veränderung mehr zu. Aber der Rat stellt zufrieden fest, «dass einer ihrer Bürger sich durch Werke ausgezeichnet hat, die Genie und überragende Talente erkennen lassen».

Dieser Austausch von Höflichkeiten verschleiert aber kaum den Ärger, den gar mancher Genfer bei der Lektüre der *Abhandlung* empfindet. Das überschwängliche Lob der Republik ist dazu angetan, in einer Zeit, da in der Stadt Calvins bei weitem nicht alles zum Besten steht, eine Lehre in vollendeter Demokratie zu erteilen. Die Tugenden, die Rousseau den Regierenden seiner Geburtstadt großzügig zuschreibt, hören sich seltsam verlogen an, wenn der Leser zur apokalyptischen Schilderung der zivilisierten Stadt vordringt. Kann Genf wenigstens der Sintflut der Korruption entgehen?

Der neue Reformator tritt seiner Vaterstadt drohend, aber waffenlos entgegen. Er greift die politische Macht an der Wurzel an und weist auf den unheilbaren Bruch jeder gesellschaftlichen Konstitution hin, die im Kontext von Ungleichheiten nur die Frucht eines Tauschvertrags sein kann. Der Bruch wird bald zum Abbruch. Der Sohn Genfs, beim ersten Mal gegen seinen Willen aus der Heimat vertrieben, kehrt ihr nun freiwillig den Rücken. Unwiderruflich.

Er lebt schon in einer anderen Welt. Die reale Welt versinkt vor seinen Augen. Ihm bleibt die Kraft der Phantasie, die Fähigkeit, Welten ohne Rücksicht auf die unwiederbringlich versinkenden Realitäten zu schaffen.

5. Der Einzelgänger
Roman der Leidenschaft: *Die neue Heloise*
1756–1757

«Ich will in meiner Heimatstadt oder auf dem Lande leben!» Nachdem er den Posten eines Bibliothekars ausgeschlagen hat, den Doktor Tronchin in Genf ihm angeboten hat, sucht Rousseau nach jener Einsamkeit, die es ihm gestattet, sein Dasein in Einklang mit seinen Ideen zu bringen. Schluss mit der Jagd nach Literaturpreisen, mit den eitlen Bühnenträumen von Oper und Comédie Française! Zum Teufel mit Soupers bei Monsieur et Madame von und zu! Keine gelockte Perücke, keine bestickten Hemden mehr, weder weiße Strümpfe noch prunkvoller Degen: eine ganz schlichte Haartracht und ein grober Rock aus Tuch. Er entledigt sich seiner Bücher und seiner Noten.

Aber es gilt noch, den Ort des Glücks, der Freiheit und des Friedens zu finden. Als er einmal in Gesellschaft von Madame d'Epinay die Umgebung des Schlosses La Chevrette durchstreifte, war er voller Begeisterung vor einem abgeschiedenen, reizenden Haus stehengeblieben, das man Ermitage nannte, am Rande des Waldes von Montmorency gelegen: «Oh Madame», hatte er damals ausgerufen (*Bekenntnisse*, S. 555), «welch entzückende Wohnung! Dieser Schlupfwinkel wäre für mich wie geschaffen.» Ohne etwas zu sagen, hat Madame d'Epinay inzwischen das Haus renovieren lassen. Rousseau, der sich vor derlei Großzügigkeit hütet, weil sie Bande der Abhängigkeit knüpft, lässt sich zunächst bitten, willigt aber schließlich doch ein. Im Frühjahr 1756 ziehen Jean-Jacques, Thérèse und Madame Levasseur in die Ermitage ein.

«Am 9. April des Jahres 1756», berichtet er im Neunten Buch der *Bekenntnisse* (S. 564 ff.), «verließ ich die Stadt, um sie nie wieder zu bewohnen ... Frau von Epinay holte uns drei in ihrem Wagen ab, ihr Pächter lud unser weniges Gepäck auf, und noch

7 Von der Ermitage in Montmorency aus streift Rousseau in langen einsamen Spaziergängen durch die Natur. In dieser kreativen Abgeschiedenheit entstehen unter anderem die «Neue Heloise» und «Emile».

am selben Tag hatten wir uns völlig eingerichtet. Ich fand mein kleines Häuschen schlicht, aber sauber und sogar geschmackvoll eingerichtet... Obgleich es sehr kalt war und sogar noch Schnee lag, fing es doch in der Erde schon zu sprießen an. Man sah Veilchen und Schlüsselblumen, die Knospen an den Bäumen begannen zu schwellen, und die auf meine Ankunft folgende Nacht wurde durch den ersten Gesang der Nachtigall verherrlicht, die sich fast dicht an meinem Fenster in einem ans Haus stoßenden Gehölz hören ließ. Ich war nach leichtem Schlummer erwacht, hatte beim Erwachen meinen Umzug vergessen, glaubte mich noch in der Rue de Grenelle – und da ließ mich nun plötzlich dieses süße Singen bis in alle Tiefen erzittern, und in meinem Freudenüberschwang rief ich aus: ‹Endlich sind alle meine Wünsche erfüllt!› Zunächst ließ ich es mir angelegen sein, mich all der Ländlichkeit, die mich umgab, von ganzem Herzen hinzugeben. Anstatt dass ich mich in meiner Wohnung einzurichten anfing, richtete ich mich vielmehr gewissermaßen auf meinen Spaziergängen häuslich ein, und schon am nächsten Morgen gab es in der Nähe des Hauses keinen Pfad, keine Lichtung, kein Gehölz und keinen Schlupfwinkel mehr, den ich nicht durchstreift hätte. Je mehr ich diesen bezaubernden Zufluchtsort prüfte, desto geeigneter fand ich ihn für mich. Seine eher einsame als öde Lage versetzte mich im Geist ans Ende der Welt.»

Als umsichtiger Mann überschlägt er zunächst seine Einnahmequellen. Madame d'Epinay unterstützt ihn zwar mit größter Bereitwilligkeit, doch er hält es für würdiger und sicherer, nicht zu sehr von ihren Gaben abhängig zu sein. Zweitausend Franc, die ihm vom Erlös seiner Werke geblieben sind, sein Beruf als Notenkopist, Bescheidenheit in seinen Ansprüchen, ein bekannter Name, vielfältige Fähigkeiten sowie mehrere bereits begonnene oder geplante Bücher – all das stellt für ihn einen hinlänglich ausreichenden Besitzstand dar.

Seine Hauptbeschäftigung ist Spazierengehen. Da er den Vormittag nach wie vor dem Notenabschreiben widmet, streift er nachmittags durch die schöne Landschaft von Montmorency mit ihrem Wald und ihren uralten Kastanienbäumen, den Tälern, Höhen, herrlichen Ausblicken und schattigen Gehölzen, so dass er selbst von den schmalen Pfaden schon bald jeden Stein und jeden Strauch kennt. Stets trägt er, als treuen Begleiter seiner Wanderungen, sein kleines, weißes Schreibheft bei sich, das sich mit Notizen füllt, die er, sobald er wieder zu Hause ist, nur noch ordnen muss.

Er hat sich ein umfangreiches Arbeitsprogramm vorgenommen: Er will den *Dictionnaire de musique* (*Wörterbuch der Musik*) zusammenstellen, der sein Lebenswerk werden soll; er sichtet und ordnet die zwanzig Bände der Hauptschriften des Abbé de Saint-Pierre, die ihm der Comte de Saint-Pierre anvertraut hat, um die besten Auszüge daraus zu veröffentlichen; er treibt sein großangelegtes Projekt der *Politischen Institutionen* voran, an dem er seit Venedig arbeitet; auf dem Papier skizziert er noch den Entwurf für ein Werk über Psychologie und Moral, das den Titel *La Morale sensitive ou le Matérialisme du sage* (*Die sensitive Moral oder der Materialismus des Weisen*) tragen soll; Madame de Chenonceaux hat er versprochen, ein «Erziehungssystem» für ihren Sohn zu schreiben; er entwirft, in Briefform, die an den Ufern des Genfer Sees spielende, rührende Geschichte zweier eng befreundeter Mädchen und eines jungen

Mannes, der der Liebhaber der einen und der zärtliche Freund der anderen ist.

Reichtum, Ehrgeiz und selbst allem, was an die Zivilisation erinnert, will er gern entsagen, gewiss aber nicht der Liebe, nicht dem *sentiment*: Das Glück besteht nicht darin, wie ein Wilder zu leben, sondern wie zwei Wilde, die keine andere Sorge haben, als sich zu lieben und sich dies immer wieder zu bestätigen. Sein ganzes Leben ist Rousseau diesem Wunschbild des arkadischen Schäfers nachgejagt. Aber nie konnte er es verwirklichen. Vergebens ruft er sich seine Abenteuer und deren Anfänge in Erinnerung; stets waren sie nur das Vorwort zu Romanen, die von der Mittelmäßigkeit und den Niederungen der Realität sogleich widerlegt wurden. Es gab höchstens einige Augenblicke reiner Glückseligkeit. Madame de Warens gab sich ihm hin, doch sie schenkte ihm bloß geteilte Zuneigung, lehrte ihn nur die Gebärden der Liebe. Mit vierundvierzig Jahren meint Rousseau, er sei nie wirklich geliebt worden und er sei nun zu alt, um noch jemals geliebt zu werden.

Zwar ist da Thérèse, deren urwüchsige Schlichtheit ihm, im Schoße der Natur die Reinheit einer Beziehung, die nur sich selber zum Ziele hat, hätte verbürgen können. Aber das Mädchen aus der Herberge ist weder den Spuren der Schäferin *Astrée* aus seiner Kindheitslektüre gefolgt, noch kennt sie die *Idyllen* des Salomon Gessner. Schlimmer noch: Thérèse und ihre Mutter sind wenig empfänglich für die Reize der ländlichen Einsamkeit und träumen nur davon, in die Zivilisation zurückzukehren.

Dazu kommen noch die «Freunde», Madame d'Epinay, Grimm, Diderot, die zwar angeblich für ein einfaches Leben eintreten, Rousseau indes nahelegen, doch an die Gefährten zu denken: «Ich appelliere an Ihr Herz», schreibt Diderot in *Le Fils naturel* (*Der natürliche Sohn*) «es wird Ihnen eingegeben, dass der gute Mensch in Gesellschaft lebt und dass nur der Böse allein lebt.» Rousseau sieht in diesem Satz eine beleidigende Anspielung auf seine hartnäckig verteidigte Abgeschiedenheit in der Ermitage. Ganz allgemein wirft er übrigens Madame d'Epinay vor, sie benehme sich wie eine tyrannische Wohltä-

Adieu. voila la Julie; je travaille à la premiére partie, mais lentement selon mes forces. Quoiqu'il arrive; souvenez-vous, je vous en conjure, que vous n'avez jamais eu et n'aurez jamais d'ami qui vous soit aussi sincérement et aussi purement attaché que moi. – Croyez encore qu'il n'y a pas un bon sentiment dans une ame humaine qui ne soit au fond de la mienne et que je n'y nourrisse avec plaisir. Il me seroit doux, si j'avois à ne vous plus revoir de vous laisser au moins – une impression de moi qui vous fit quelquefois rappeller mon souvenir avec plaisir.

8 Rousseaus Brief an Madame d'Houdetot, in die er sich hoffnungslos verliebt hatte: «... ich beschwöre Sie, dass Sie niemals einen aufrichtigeren und treueren Freund als mich haben oder haben werden ...»

terin. Wenn Grimm und andere abwesend sind, langweilt sich die Dame; dann ist sie froh darüber, ihren «Bären» zu haben, um sich zu zerstreuen. Aber dem Bären steht der Sinn eher danach, spazierenzugehen und zu träumen, als Gespräche zu führen. Schließlich spricht man sich aus und versöhnt sich wieder.

Doch da braut sich ein neues Gewitter zusammen. Rousseau hat sich hoffnungslos in Madame d'Houdetot verliebt. Im Alter von siebzehn Jahren war sie mit dem Comte d'Houdetot, den sie nicht liebt, verheiratet worden, seit vier Jahren ist sie die

Mätresse eines adligen Dichters, des Marquis de Saint-Lambert. Der Ehemann und der Liebhaber sind mit der Armee ins Feld gezogen. Spaziergänge, Begegnungen im Mondschein, Geständnisse, Zärtlichkeiten, Küsse. Rousseau ist bereit, sich völlig zu vergessen, doch Sophie widerstrebt. Aus Treue zu ihrem Liebhaber! Dramatische Szenen, Beruhigung, Verzicht.

Und wieder treten die «Freunde» in Erscheinung. Madame d'Epinay, die Rousseau im Herzen ihres Parks untergebracht hat, ist eifersüchtig. Eine gezielte Indiskretion enthüllt Saint-Lambert die heimlichen Plänkeleien, die ihn verstimmen. Grimm, selbst in eine zärtliche Liaison verstrickt, speit Gift und Galle. Rousseau söhnt sich mit ihm aus, für die Dauer eines «Friedenskusses», doch der endgültige Bruch steht kurz bevor. Dumpfer Groll breitet sich aus, schließlich nimmt Madame d'Epinay Rousseaus Weigerung, sie nach Genf zu begleiten, wo sie Doktor Tronchin konsultieren möchte, zum Vorwand und fordert ihn im Dezember 1757 auf, die Ermitage zu verlassen.

Daraufhin mietet er in der Nachbarschaft, in Montmorency, ein baufälliges Haus, das Monsieur Mathas, dem Steuereintreiber des Prinzen von Condé, gehört. Während dort die dringendsten Reparaturen ausgeführt werden, nehmen Rousseau und Thérèse die taktvolle und nachsichtige Gastfreundschaft in Anspruch, die ihnen die Marschallin von Luxemburg auf Schloss Montmorency anbietet.

Am 6. Mai 1758 bricht Madame d'Houdetot die Beziehung zu Rousseau ab. Doch am 29. Oktober bringt ein Diner auf La Chevrette alle ehemaligen Freunde noch einmal zusammen: Madame d'Epinay, Francueil, Madame d'Houdetot, Monsieur d'Houdetot, Saint-Lambert und Rousseau. Das Feuer hat sich gelegt. Künftig lodert es auf dem Papier eines Werkes, das ursprünglich Arkadien heraufbeschwören sollte, sich aber in eine Brandfackel der Leidenschaft verwandelt hat: *Julie ou La Nouvelle Héloïse* (*Julie oder Die neue Heloise*).

Mit der *Neuen Heloise*, dem *Gesellschaftsvertrag* und *Emile* wird Rousseau in einem Zeitraum von wenigen Jahren seine bedeutendsten Werke schreiben – drei Meilensteine in der Geschichte unseres abendländischen Denkens, drei auf den

Schwingen der Phantasie errichtete Traumgebilde, drei schwärmerische Fiktionen.

Aber diese Fiktionen sind von ganz besonderer Art. Es handelt sich nicht allein um Utopien, in denen die Phantasie die irdische Realität in eine der geheimen Sehnsucht des Menschen gemäßere Welt entrückt. Der Traum trägt bei Rousseau das Merkmal eines Kampfes, er entspringt einem Konflikt, einem erlebten Konflikt und nicht nur einem Bedürfnis seiner Einbildungskraft oder einem Streben nach einem ideellen Gebilde. Er entsteht und lebt aus einer klaffenden Wunde: aus dem Ende einer großen Liebe im Fall der *Neuen Heloise*, aus dem Zerreißen der Bande zu seinem Vaterland beim *Gesellschaftsvertrag* und aus dem Zerbrechen eines wiederaufzubauenden Humanismus beim *Emile*.

Das Paradoxon besteht dann darin, dass die Realität, die bisher in schwebende Utopie umformt wurde, jetzt in der aufgebauten Fiktion weiterlebt und sie sogar ernährt: Liebe braucht Leidenschaft; Gemeingut baut auf partikulären Interessen auf; Autonomie ist nicht ohne den Zwang sozialer Institutionen zu denken. Der von Rousseau ausgebreitete Widerspruch wird so stark, dass man an seiner Lösung verzweifeln würde, ja dass er die eigene Existenz verschlingen würde, wenn der Philosoph uns nicht den Ausweg aufzeigte: den Appell an die Tugend und an die moralische Verantwortung des Menschen gegenüber der Liebe, gegenüber der Politik, gegenüber der Erziehung. So gebiert Rousseaus Traumkraft neue Welten, besser gesagt: eine neue Art der Liebe, der Politik, der Bildung des Menschen.

Fangen wir mit der Liebesbeziehung in der *Neuen Heloise* an!

Rousseau hat mit ganzer Seele geliebt: Sophie d'Houdetot, heftig bedrängt, hätte vielleicht nachgegeben. Sie gehörte jedoch einem andern, der gar nicht ihr Ehemann war, und wollte ihm treu bleiben. Unter diesen Umständen konnte der Calvinist nur glücklich sein, indem er schuldig wurde. Die Leidenschaft gerät in Widerstreit mit der Tugend, die Rechte des Herzens mit denen des Gewissens. Und man hüte sich, die Leidenschaft mit dem Laster zu verwechseln, das Bedürfnis zu lieben mit der

Lust am Vergnügen. Die Leidenschaft an sich ist nicht verwerflich, sie ist kein Kennzeichen menschlicher Verderbtheit, kein Ausdruck der Sünde. Sie hat ihre natürliche Berechtigung: Sie ist die Stimmung des Herzens, der Ausbruch seiner inneren und edlen Kräfte. Sie ist Grundlage des Handelns, des Opfers. Von Natur aus egozentrisch, kann sie aber auch Hingabe und völlige Selbstverleugnung sein. Man darf sie daher nicht voreilig verdammen. Oft sogar, wenn die Mitmenschen und die überlieferte Meinung oder eine enge Moral sie verdammen, ist sie es, die im Recht ist.

Alles das hat Rousseau empfunden und reiflich durchdacht, während er im Aufruhr seiner Seele davon träumte, Madame d'Houdetot zu besitzen, und gleichzeitig den Gedanken, Saint-Lambert zu hintergehen, verabscheute. Und diesen inneren Konflikt hat er auf die Geschichte von Saint-Preux und Julie übertragen.

Julie, ein adeliges Mädchen, hat Saint-Preux, einen jungen Mann ungeklärter sozialer Herkunft, als Hauslehrer. Er unterrichtet aus Freude am Lehren und aus Freundschaft zu seinen zwei Schülerinnen, Julie und ihrer Cousine Claire. Julie ist anbetungswürdig und wird auch bald angebetet, wie seinerzeit Heloise von ihrem Lehrer Abélard. Eine Liebe ohne Hoffnung, denn der stolze Baron d'Etange würde seine Tochter nie und nimmer einem dahergelaufenen Fremden geben. Am besten wäre es für Saint-Preux, fortzuziehen und zu versuchen, Julie zu vergessen. Aber beide, so tugendhaft sie auch sind, erliegen dennoch der Leidenschaft. Aus Gründen der Moral wird die Zärtlichkeit der beiden Liebenden unversehens zur Schuld. «Aber sie sind trotzdem tugendhaft», denn Julie ist frei oder sollte es sein, wenn es da nicht die Vorurteile der Gesellschaft und den halsstarrigen Hochmut des Vaters gäbe. Der macht der jungen Liebe bald ein Ende, indem er seine Tochter einem Freund verspricht, der ihm das Leben gerettet hat. Zwar könnte Julie fliehen und Saint-Preux in einer Zufluchtsstätte, die ihnen ein Freund in England anbietet, heiraten. Aber damit würde sie ihren Vater in Verzweiflung stürzen und müsste ihre zärtliche und liebevolle Mutter verlassen. Ihre Pflichten als Tochter siegen über ihre Gefühle als Geliebte. Sie gibt nach und vermählt sich mit Monsieur de Wolmar, nicht ohne vorher Saint-Preux' Zustimmung erzwungen zu haben. Der verlässt voller Kummer Paris, wohin er sich geflüchtet hat, und bricht mit der Expedition eines englischen Admirals zu einer langen Reise um die Welt auf.

Als er nach Jahren zurückkehrt, wird Saint-Preux überraschenderweise von Monsieur de Wolmar eingeladen, nach Clarens zu ziehen: zu ihm, seiner Frau, seinen Kindern und zu Claire, die zwar geheiratet, ihren Mann aber inzwischen verloren hat. Monsieur de Wolmars Einladung ist umso merkwürdiger, als ihm die Vergangenheit seiner Frau durchaus nicht unbekannt ist, doch er ist sich ihrer Tugend gewiss. Saint-Preux nimmt die Einladung an, und nach einer gefährlichen Krise während einer Bootsfahrt auf dem See respektiert er, nicht ohne Schmerz, die neuen Pflichten seiner ehemaligen Geliebten. Die tugendhafte Julie vertraut Saint-Preux die Erziehung ihrer Kinder an, scheitert jedoch mit ihrem Vorhaben, ihn mit Claire zu verheiraten. Sie ist auch eine heldenhafte Mutter und springt ohne Zögern ins Wasser, um eines ihrer Kinder vor dem Ertrinken zu retten. Nach langer Krankheit stirbt sie schließlich mit bewundernswerter Fassung, Standhaftigkeit und wahrem Glauben an Gott und hinterlässt Saint-Preux einen rührenden Abschiedsbrief.

Der Roman der Leidenschaft gerät somit zu einem Roman der Tugend und der ehelichen Treue. Die erste Hälfte des Werks ist ein Hoheslied auf die uneingeschränkte und wohltätige Macht der Leidenschaft als Quelle unergründlicher Lebenskraft. Die zweite Hälfte des Romans schildert in rührender Weise den Sieg der Tugend und den wohltuenden Frieden einer Ehe, wenn man nur Ehrbarkeit, Arbeit, Mildtätigkeit und die Liebe der Kinder zu schätzen weiß.

Das Geheimnis dieses wiedergefundenen Glücks ist in den *Lettres morales* zu suchen, die Rousseau an Sophie d'Houdetot adressiert. Wie Saint-Preux musste er der Frau entsagen, die er liebte. Aber können denn zwischen zwei Menschen nicht noch andere Bande bestehen als das leidenschaftliche Besessensein oder der von fremdem Willen aufgezwungene Verzicht? Gibt es nicht eine Art und Weise, sich zu lieben, die jedem, dem Mann wie der Frau, ermöglicht, sein jeweils eigenes Glück aufzubauen, gleichermaßen weit entfernt von Leidenschaft und von sozialer Konvention, die beide die Freiheit ersticken? «Eine gesunde Seele vermag gemeinsamen Beschäftigungen Geschmack zu verleihen, wie die Gesundheit des Lebens die einfachsten Speisen gut finden lässt», so schreibt er an Sophie.

Um glücklich zu sein, reicht es, sich darauf zu verstehen, sein Glück zu wählen. Es zu wollen. Und wenn Glück und Tugend sich nicht miteinander vereinbaren lassen, dann mögen sie nach dem Tod zueinander finden: «Nein, ich verlasse Dich nicht», so lauten Julies letzte Worte an Saint-Preux, «die Tugend, die uns auf der Erde trennte, wird uns in der Ewigkeit vereinen.»

Der Erfolg der *Neuen Heloise* stellte sich unverzüglich ein, war überwältigend, durchschlagend und dauerhaft: Zwischen 1761 und 1780 erschienen an die hundert Ausgaben und Raubdrucke.

Worin liegt dieser Erfolg? Sein Geheimnis ist wahrscheinlich in der Art zu suchen, mit der hier ein Romanschriftsteller erstmals in seinem Werk ein intensiv erlebtes Gefühl mitschwingen ließ. Die Leser glaubten oft, es handle sich, wie im Titel verheißen, um echte Briefe, die Rousseau gesammelt und veröffentlicht habe: Madame de Polignac flehte den Autor an, ihr einen Blick auf Julies Bild zu gestatten ... Rousseaus Werk entfachte in mehr als nur einem Leser das «Feuer der Leidenschaft», es belebte das Bewusstsein für die Pflichten innerhalb der Ehe neu und es löste Geständnisse aus. Choderlos de Laclos, der Verfasser der *Liaisons dangereuses* (*Gefährliche Liebschaften*), lässt eine seiner Figuren sagen: «... in der Liebe ist nichts so schwierig, wie zu schreiben, was man nicht fühlt. Ich meine, in glaubwürdiger Form zu schreiben ... Das ist die Schwäche der Romane: der Autor legt sich mächtig ins Zeug, um sich zu ereifern, und der Leser bleibt kalt. *Heloise* ist der einzige Roman, den man davon ausnehmen kann; und bei allem Talent des Autors, diese Beobachtung hat mich stets glauben lassen, dass die Geschichte auf Wahrheit beruht.»

So konnte Rousseau der galligen Kritik der Intellektuellen und einem von Wissen übersättigten Jahrhundert die kalte Schulter zeigen. Hinter ihm stand eine ganze Generation, die weniger der Intelligenz bedurfte als der Kraft des Gefühls, zu glauben und zu wollen. Und der Nachwelt sollte es ebenso gehen. «Großer Gott, was für ein Buch!», soll der junge Alphonse de Lamartine Jahrzehnte später ausgerufen haben. «Wie das geschrieben ist! Mich verwundert, dass es nicht Feuer fängt!»

6. Der Reformator
Streit mit Voltaire, Krankheit und der *Gesellschaftsvertrag*
1758–1761

Der zweite Diskurs von 1755 hatte die Entartung der gesellschaftlichen Konstitution auf der Basis eines unwiderruflich verlorenen Naturzustandes thematisiert. Man durfte nicht mehr von der natürlichen Soziabilität des Menschen sprechen, auch wenn die Gesellschaft mit ihren Institutionen das einzige Medium blieb, wodurch der Mensch sich vollenden konnte. Im Gegensatz zum Naturmenschen, der in Einheit mit sich selbst lebt, schafft sich der gesellschaftliche Mensch eine zweite Natur, die ihn dazu treibt, zu scheinen anstatt zu sein. Es entsteht die Schaugesellschaft, die *société du spectacle*, in der Menschen mit zwei Seelen leben, Menschen, die an andere zu denken scheinen, sich in Wirklichkeit aber nur um sich selbst kümmern.

Die Aufklärer möchten über dieser Welt der Heuchelei die Sonne der Vernunft und der Wahrheit scheinen lassen. Sie möchten sogar das Theater benutzen, um das Verhalten der Bürger zu moralisieren. Auch Voltaire denkt so, er hätte seine Stücke gern in Genf aufführen lassen. D'Alembert hat eben im Band VII der *Enzyklopädie* einen Artikel über Genf erscheinen lassen, wo er vorschlägt, in einer Stadt, die seit 1617 jegliche Schauspiele untersagte, das Theater einzuführen. Ein Teil des

Artikels ist der «Genfer Religion» gewidmet: Er begrüßt, dass die Pastoren von Calvins Fanatismus Abstand zu nehmen wussten, und geht so weit, zu behaupten, dass mehrere Genfer Pastoren keine andere Religion hätten als einen vollkommenen Sozinianismus, dass sie all das ablehnten, was man «Mysterium» nennt, und meinten, der oberste Grundsatz einer wahren Religion sei, nichts glauben machen zu wollen, was dem Verstand zuwiderläuft.

D'Alemberts Artikel macht in Genf von sich reden. Die Pastoren freuen sich nicht gerade darüber, sich als Sozinianer (nach der antitrinitarischen Bewegung des Lelio Sozzini), das heißt als Häretiker, eingestuft zu sehen. Sie dementieren offiziell, klammern aber die Frage des Theaters aus. Es ist Rousseau, der «Bürger von Genf», der es auf sich nimmt, ausführlich nachzuweisen, dass das Genfer Verbot berechtigt und erforderlich sei. Sein *Lettre à d'Alembert sur les spectacles* (*Brief an d'Alembert über die Schauspiele*) entsteht 1758 innerhalb von drei Monaten, während er gleichzeitig für Madame d'Houdetot die Abschrift des zweiten Teils von *Julie* fertigstellt und Senecas *Apocolosyntosis* über den Tod des Kaisers Claudius übersetzt.

Hinter d'Alembert wähnt Rousseau Voltaire. Dieser hat sich, eine Zeitlang vor den Toren Genfs ansässig, der Bastion dieser Religion, die er so gern stürmen würde, schließlich im Waadtland, in Monrepos, niedergelassen, wo die Lesungen seiner Schauspiele die gesamte gute Gesellschaft Genfs anlocken. Warum sollte Genf nicht dem «guten Beispiel» von Lausanne folgen und die Gründung eines Theaters genehmigen? Wieder einmal stellt sich Rousseau Voltaire in den Weg.

Das Theater, so heißt es in dem *Brief an d'Alembert*, sei nicht imstande, die Sitten aller oder jedes Einzelnen zu verbessern; es strebe nur danach, zu gefallen, die soziale Scheinwelt zu erhalten und die weniger ehrbaren Neigungen der menschlichen Natur zu begünstigen. Wie bewundert und bewundernswert es auch sein mag, das französische Theater der klassischen Epoche bringe unzählige Beispiele, in denen das Laster triumphiert und die Tugend lächerlich gemacht wird – wie etwa im *Menschenfeind* von Molière! Die Wahrheit sei doch, dass der Zuschauer beim Betreten des Theaters schon die Gefühle in sich trage, die das Stück in ihm zu entflammen vorgibt.

In Rousseaus Augen könne ein ständiges Theater vielleicht in den großen Städten die Kriminalität verringern, in einer kleinen Stadt wie Genf hätte es aber die unheilvollsten Auswirkungen: Es würde der Arbeit schaden und die Kreativität beeinträchtigen; die losen Sitten der Komödianten und besonders die «Ausschweifungen der Schauspielerinnen» würden ihr Publikum und den ganzen Staat verseuchen. Für die friedlichen Bewohner eines Tales in der Umgebung von Neuenburg etwa, nicht reich, aber in guten Verhältnissen lebend, handwerklich geschickte Bauern auf eigenem Land, für diese «Gebirgler» hätte ein «festes und preiswertes Theater» verheerende Folgen für die Wirtschaft, die Sitten und die Politik, und die Gesetze wären nicht imstande, sie auszumerzen.

In Genf kenne man keinen Müßiggang. Die einzigen Zerstreuungen seien die *cercles*, in denen Männer und Frauen sich, getrennt voneinander, zum größten Nutzen der öffentlichen Moral versammeln. Die Unterhaltungsmöglichkeiten, die die Republik fördere, seien nützliche Belustigungen, gemeinsame Volksfeste, fröhliche Zusammenkünfte, Wettkämpfe der Kraft und der Geschicklichkeit: sie allein vermögen den Genfern ihr Glück zu sichern.

Man muss in diesem Angriff gegen das Theater den Anteil der Provokation, der Idealisierung und des Widerspruchsgeistes von Seiten eines Mannes sehen, der selber Theaterstücke geschrieben hat. Was Rousseau in Wirklichkeit bestreitet, ist die Möglichkeit, von einer Schaubühne herunter Wahrheit und Tugend zu vermitteln, die öffentliche Meinung zu lenken. Diese Zeiten sind vorbei. Ein jeder geht ins Theater, um dort sein Vergnügen zu suchen, seine Leidenschaften, auch dunkle, auszuleben. Anders als auf Volksfesten, bei denen sich die Besucher ihr eigenes Schauspiel gestalten, zerstört das Theater als Institution die soziale Gemeinschaft, indem es die einzelnen Menschen in ihrem Egoismus isoliert, das schon im wirklichen Leben praktizierte Maskenspiel intensiviert und schließlich den Menschen sich selbst entfremdet.

D'Alembert pflichtet dem Verfasser des *Briefs* bei. Aber Voltaire tobt. Ein ins Vorwort zum *Brief* eingeflochtenes Zitat führt zum endgültigen Bruch mit Diderot. Gegen Ende des Jahres 1758 schreibt Rousseau wütend Randbemerkungen in sein Exemplar von Helvetius' Buch *De l'esprit* (*Diskurs über den Geist des Menschen*), eine neue und schreckliche Brandfackel gegen das Christentum.

Von nun an sind alle Brücken zu den Enzyklopädisten abgebrochen. Seit dem ersten Diskurs von 1750 hat sich ein Graben aufgetan zwischen denen, die ihren ganzen Glauben in Wissenschaft und Technik gesetzt haben, und dem, der das Glück des Menschen unabhängig von beidem glaubt. In der «kleinen d'holbachischen Gesellschaft», die gern die Geistlichen lächerlich macht, in den Pariser Salons und bei den Diners, wo die katholische Religion regelmäßig verspottet wird, da weiß man, dass Rousseau jederzeit bereit ist, auf die Barrikaden zu gehen. «Wenn es Feigheit ist», ruft er eines Tages an der Tafel von Mademoiselle Quinault aus, «es hinzunehmen, dass über einen abwesenden Freund schlecht gesprochen wird, dann ist es ein Verbrechen, es hinzunehmen, dass schlecht über Gott gesprochen ist, der anwesend ist; ich, meine Herren, glaube an Gott! ... Ich gehe, wenn Sie noch ein einziges Wort sagen.» (Masson, I, S. 184). Den «Philosophen» und «Freidenkern» gegenüber zögert er nicht, als «Verteidiger Gottes» aufzutreten.

Der Graben wird noch tiefer durch den von Rousseau mit subtiler Naivität und von Voltaire mit eisiger Ironie geführten Meinungsaustausch über das Erdbeben von Lissabon: Auf die Anklage, die dieser gegen die Vorsehung erhebt, antwortet jener mit einem Brief, der bald veröffentlicht wird, und daraufhin erscheint im Januar 1759 Voltaires *Candide*. Die Katastrophe von Lissabon disqualifiziert Gott. Gewiss, antwortet Rousseau, aber es brauche dennoch diesen nämlichen Gott, um glauben zu können, dass die Welt nicht zur Katastrophe gezwungen wird. «Was mich betrifft», erklärt er schließlich Voltaire (*Schriften* I, S. 328), «so will ich Ihnen freimütig gestehen, dass mir in dieser wichtigen Frage weder das Für noch das Wider durch das Licht der Vernunft erwiesen scheint und dass, wenn der Theist seine

Meinung nur auf Wahrscheinlichkeiten gründet, der Gottesleugner, noch unbestimmter, die seine nur auf entgegensetzte Möglichkeiten zu gründen scheint. Noch mehr, die Einwürfe von der einen und von der anderen Seite sind immer unauflöslich, weil sie auf Dingen beruhen, von denen die Menschen keinen wahren Begriff haben. Dieses alles gebe ich zu, und doch glaube ich ebenso stark an einen Gott, weil glauben und nicht glauben Dinge sind, die von mir am wenigsten abhängen, weil der Zustand des Zweifels für meine Seele ein allzu heftiger Zustand ist, weil, wenn meine Vernunft wankt, mein Glaube nicht lange in der Ungewissheit schweben kann und sich ohne sie entscheidet, weil mich endlich tausend Gründe auf die tröstlichste Seite locken und zu dem Gleichgewicht der Vernunft das Gewicht der Hoffung fügen.»

Womit Rousseau sich in dieser Auseinandersetzung letzten Endes am wenigsten abfinden kann, ist weniger die Kritik an der Religion schlechthin als das Gebaren «eifriger Missionare des Atheismus» und eines «sehr gebieterischen Dogmatismus», das seine ehemaligen Freunde zur Schau tragen. Im Calvinismus erzogen, weiß er: die menschliche Vernunft und der Glaube gehören nicht zusammen, sie sind sogar Antagonisten; aber sie brauchen einander, und der Atheismus ist für den Menschen ebenso verhängnisvoll wie der religiöse Fanatismus. «Man müsste», so schreibt er an Vernes, «die Philosophen lehren, dass man an Gott glauben kann, und die Gläubigen, dass man ungläubig sein kann, ohne ein Schurke zu sein.» Julie, die liebenswerte Fromme, verkörpert Lebenshunger, Sinn für die Realitäten, ein strahlendes Dasein; de Wolmar, ihr Mann, der Atheist, besitzt Seelenadel, Feingefühl und ein keusches Gefühl; und beiden gemeinsam sind Großzügigkeit und Selbstaufopferung für die anderen. Der große Roman schließt in «Eintracht und allgemeinem Frieden» – er wird, wie Bernard Guyon vermerkt, eigentlich ein «Glaubensbekenntnis».

In der Meinung, sein Ende sei nahe, vertraut Rousseau Thérèse am 12. Juni 1761 Madame de Luxembourg an; diese lässt, allerdings erfolglos, das älteste seiner Kinder im Findelhaus suchen. Seit seiner Kindheit lebt Rousseau einer Krankheit wegen, die immer tödlichere Züge annimmt, im Zwiespalt mit seinem Körper. Zu seinen Lebzeiten haben die Ärzte viel an ihm herumgedeutelt, und später haben sich Psychiater und Psychoanalytiker ihren eigenen Reim darauf gemacht. Böse Zungen schlachten seine Leiden verleumderisch aus: «... einen Mann, der noch die verderblichen Spuren seiner Ausschweifungen trägt und der, als Quacksalber verkleidet, die Unglückliche mit sich herumschleppt, deren Mutter er sterben ließ und deren Kinder er an der Pforte eines Findelhauses aussetzte ...».

Um diesem Klatsch ein Ende zu machen, lässt Rousseau der Veröffentlichung seines am 29. Januar 1763 in Môtiers abgefassten Testaments eine genaue Beschreibung seines Leidens folgen: eine Harnverhaltung, die ihn seit seiner Kindheit plagt und die ihm ein fast ununterbrochenes Bedürfnis verursacht, dem er nie vollständig nachkommen kann. Die Ursache dafür dürfte eine Verformung der Harnröhre gewesen sein, und die Sonden, die er sich selbst einführen muss, verschaffen ihm zwar bisweilen Erleichterung, schaden ihm aber auf die Dauer, und dies umso mehr, als er immer tiefer eindringen muss. Weder Bäder noch Aderlass, weder Ärzte noch andere Heilkundige konnten jemals wirklich etwas dagegen ausrichten. Auf jeden Fall erübrigt es sich, die Ursache des Übels in einer früheren Geschlechtskrankheit zu suchen: «Denn ich versichere, nie eine solche gehabt zu haben. Ich habe es den Heilkünstlern, die mich behandelt haben, gesagt. Ich habe dafürgehalten, dass einige von ihnen mir nicht glaubten. Sie haben Unrecht.»

Interessant ist die Art und Weise, in der er sich selbst seiner Krankheit bedient, die für ihn «mehr als ein Vorwand ist: sie lenkt sein Verhalten». Und Jean Starobinski vermerkt zu Recht, «dass die akuten Anfälle Rousseaus fast immer darauf auftreten, wenn er in eine Situation sozialer Abhängigkeit gerät oder Gefahr läuft, in eine solche zu geraten: zu Beginn seines Aufenthaltes in Venedig, wo er den Weisungen eines eigenwilligen und tyrannischen Gesandten gehorchen muss; als Monsieur de Francueil, Generalsteuereinnehmer, ihm vorschlägt, sein Kassierer zu werden; als er dem König vorgestellt werden soll, um von ihm eine Pension zu bekommen: jedes Mal sagt Rousseau, der keinen Kompromiss akzeptiert, mit seinem ganzen Körper nein. Der unwiderstehliche Harndrang und die Ablehnung einer unerträglichen Abhängigkeit sind untrennbar miteinander verbunden. Fast immer spricht bei Rousseau der Körper zuerst.»

Aber es kann vorkommen, dass das Leiden plötzlich auf den Verstand überspringt, die Rastlosigkeit, die ihn beherrscht, so sehr verstärkt, dass es ihn an den Rand des Wahnsinns treibt. Das geschieht eines Tages im Dezember 1761, als eine Sonde in der Harnröhre zerbricht und sich ein dort verbliebenes Bruchstück nicht mehr entfernen lässt. Rousseau hält seine letzte Stunde für gekommen, und die Verschwörung, die er im Zusammenhang mit der Drucklegung des *Emile* wähnt, löst bei ihm eine Art Delirium aus. Davon zeugen zwei nicht abgesandte Briefe, die er am 23. Dezember 1761 an zwei junge Genfer Freunde schreibt: Er gesteht ihnen, dass er während der zurückliegenden Wochen Tage der Umnachtung durchgemacht hat: «Ich fühle dennoch», vertraut er Moultou an, «dass die Quelle dieses Wahnsinns nie in meinem Herzen lag. Das Delirium des Schmerzes hat mich den Verstand vor dem Leben verlieren lassen: während ich wie ein schlechter Mensch handelte, war ich nur von Sinnen.»

Am selben Tag richtet er einen pathetischen Brief an Malesherbes, in dem er sich bemüht, aus seinem Inneren den «Doppelgänger» zu verbannen, der während seines Deliriums seine Stelle eingenommen hat: «...ich habe mit dem nichts zu tun, der sich meines Namens bemächtigt und ihn entehrt hat. Ich überlasse ihn Ihrer gerechten Empörung, doch er ist gestorben, um nicht mehr wiedergeboren zu werden. Haben Sie die Güte, Ihre Achtung dem zu erweisen, der Ihnen jetzt schreibt.» Rousseau hat davon Abstand genommen, sich umzubringen; es ist der andere, der für immer sterben muss.

Malesherbes beruhigt ihn: Das Übel liege in seinen Lebensumständen, und was ihn verzehre, sei die «Melancholie». Rousseau, erschöpft, aber sofort besänftigt, ist immer noch davon überzeugt, dass ihm ein baldiger Tod bevorsteht. Da schreibt er, «ohne Entwurf, schnell, wie die Feder lief», vier Briefe an Malesherbes, die vom 4., 12., 26 und 28. Januar 1762 datiert sind und in denen er «das wahre Gemälde seines Charakters und die wahren Beweggründe seiner ganzen Aufführung» enthüllt. Sie sind gewissermaßen ein erstes «Bekenntnis», das den subjektiven Kontrapunkt zu den großen «objektiven» Werken des Jahres 1762 darstellt.

Greifen wir einige Merkmale dieser Pathologie heraus, die Rousseau mit erstaunlicher Klarheit vor den Augen des Adressaten ausbreitet (*Schriften*, I, S. 478–486).

Die Einsamkeit: «Ich bin mit einer natürlichen Liebe zur Einsamkeit auf die Welt gekommen, einer Neigung, die in dem Maße nur zugenommen hat, als ich die Menschen kennenlernte. Mitten unter den Phantasiegebilden, die ich rings um mich versammle, finde ich besser meine Rechnung als mit den Wesen, die ich in der Welt sehe, und die Gesellschaft, die meine Einbildungskraft an meinem Zufluchtsort unterhält, macht mir vollends alle Gesellschaften, welche ich verlassen habe, zum Ekel.»

Die *Freiheit*: «Was ist nun die Ursache für diesen ‹unüberwindlichen Ekel›? Nichts anderes als der unzähmbare Geist der Freiheit, den nichts hat überwältigen können und vor dem Ehre, Glück und sogar der Ruf nichts für mich sind ... Ein Wort, das ich zu sagen, ein Brief, den ich zu schreiben, ein Besuch, den ich abzustatten habe, sind wahre Foltern für mich, sobald ich muss. Deswegen ist mir die vertraute Freundschaft so teuer, obgleich mir der gewöhnliche Umgang mit Menschen äußerst zuwider ist, weil es für sie keine Pflichten gibt. Man folgt seinem Herzen, und alles ist geschehen. Dies ist wiederum der Grund, warum ich mich immer vor Wohltaten gefürchtet habe. Denn jede Wohltat fordert Erkenntlichkeit, und ich fühle in mir ein undankbares Herz bloß deswegen, weil die Erkenntlichkeit eine Pflicht ist.»

Die Einheit des Werkes: «Alles, was ich von dieser Menge großer Wahrheiten behalten habe, die mich eine Viertelstunde unter diesem Baum (auf dem Weg nach Vincennes) erleuchteten, ist sehr schwach in meinen Hauptschriften verstreut erschienen, nämlich in jener ersten Abhandlung, in der über die Ungleichheit, und dem Traktat von der Erziehung, welche drei

Schriften unzertrennlich sind und zusammen ein einziges Ganzes bilden.»

Die Macht des Traums: «Wenn alle meine Träume wahr geworden wären, so wären sie für mich hinreichend gewesen, ich hätte noch erdichtet, noch geträumt, noch gewünscht. Ich fand in mir eine unerklärliche Leere, die nichts ausfüllen konnte, ein gewisses Emporschwingen des Herzens zu einer anderen Art von Genuss, wovon ich keinen Begriff hatte, dessen Bedürfnis ich aber dennoch empfand.»

Die Anderen: «Ich habe ein liebendes Herz, das sich aber selbst Genüge leisten kann. Ich liebe die Menschen zu sehr, um eine Wahl unter ihnen treffen zu müssen. Ich liebe sie alle, und weil ich sie liebe, fliehe ich sie, ihre Schmerzen machen mich weniger leiden, wenn ich sie nicht sehe.»

Soziale Überlegenheit: «Ich kann Ihnen nicht verhehlen, mein Herr, dass ich eine heftige Abneigung gegen die Stände habe, die die anderen beherrschen … Ich hasse die Großen, ihre Härte, ihre Vorurteile, ihre Kleinlichkeit und alle ihre Laster, und ich würde sie weit heftiger hassen, wenn ich sie weniger verachtete.»

Glück: «Meine Leiden sind das Werk der Natur, mein Glück aber ist mein Werk. Man sage was man will, ich bin klug gewesen, weil ich so glücklich gewesen bin, wie mir meine Natur es zu sein erlaubt hat.»

Im November 1761 schickt Rousseau seinem Verleger Rey das Manuskript des *Gesellschaftsvertrags*, der im April des folgenden Jahres in Amsterdam veröffentlicht wird. Malesherbes widersetzt sich der Einfuhr des Werkes nach Frankreich, während *Emile*, «aus taktischen Gründen genehmigt», in Paris in den Handel gelangt. Am 3. Juni wird das Buch von der Polizei beschlagnahmt, am 7. bei der Sorbonne angezeigt und am 9. vom Parlament verboten. Gegen Rousseau wird ein Haftbefehl erlassen. Am Nachmittag ergreift er die Flucht. Die Gesellschaft hat letzten Endes den ausgeschlossen, der sich, von Provokation zu Provokation, in vollkommenen Gegensatz zu ihr gebracht hat: das Individuum Rousseau.

Rousseau hat sich stets mit Politik beschäftigt. Seit seinem Aufenthalt in Venedig hat er den Plan zu einem bedeutenden Werk über die «politischen Institutionen» gefasst. In seinem Vorwort zum *Narziss*, im Jahr 1752, weist er dem «schlecht regierten Menschen» die Schuld an den Lastern zu, die dem Leben in Gesellschaft innewohnen; und die Erleuchtung von Vincennes schließt die Vision einer von ihren Übeln vollständig geläuterten menschlichen Gemeinschaft ein. Von seinem großen Projekt, das er gleich nach seinem Einzug in die Ermitage wiederaufgenommen hat, wird uns Rousseau am Ende nur eine Art Kurzfassung überliefen: *Du Contrat social* (*Über den Gesellschaftsvertrag*), dessen erste Version den Untertitel *Essai sur la forme de la République* (*Essay über die Form der Republik*) trägt und dessen gedruckte Ausgabe mit *Principes du Droit politique* (*Prinzipien des allgemeinen Staatsrechts*) untertitelt ist.

Dieses Werk, das der Beobachtung der Menschen und Institutionen jener Zeit viel verdankt und eine ungeheure Belesenheit, vor allem aber eine bewundernswerte Fähigkeit zur Synthese voraussetzt, stellt eine entscheidende Wendung im politischen Denken des Abendlands dar. Es schafft die theoretische Grundlage zur kommenden großen Revolution (obgleich es, bis zum Ereignis von 1789, ein eher unbekanntes Werk blieb).

Der *Gesellschaftsvertrag* legt eigentlich das Fundament für das politische Recht, indem er es nicht mehr auf naturbedingte Sachverhalte, sondern auf die zum Selbstzweck erhobene Freiheit des Menschen gründet. Er definiert die Voraussetzung rechtmäßiger Autorität: sie benötigt die volle Zustimmung derer, die ihr unterstehen; sie geht vollständig vom Volk aus, das seine Freiheit auf keinen Fall zugunsten eines wie auch immer gearteten Unterwerfungspaktes veräußern darf; sie ist in Gesetzen festgelegt, die das absolute Spiegelbild des Gemeinwillens sein müssen; sie wird einer Regierung übertragen, die ihre Macht vom Volk erhält, das sich ihr jederzeit wieder entziehen kann. Sobald der Wille der Einzelnen nicht mehr mit dem Gemeinwillen übereinstimmt, ist der Gesellschaftspakt gebrochen, ist das Staatswesen zerstört, so dass «alle einfachen Staatsbürger, die ja rechtens in ihre natürliche Freiheit zurückversetzt sind, zu gehorchen zwar gezwungen, aber nicht verpflichtet sind» (*Gesellschaftsvertrag*, S. 95).

Die Zeitgenossen, die genauer hinschauten, täuschten sich nicht: der *Gesellschaftsvertrag* schaufelte das Grab der Monarchie (in Frankreich) sowie des aristokratischen Regimes (in Genf), um nur noch die Demokratie in der ganzen Reinheit des Begriffs bestehen zu lassen. Aber man konnte den Text auch als vollständige Unterwerfung des einzelnen Menschen unter die Gesellschaftsordnung auslegen …

«Finde eine Form des Zusammenschlusses, die mit ihrer ganzen gemeinsamen Kraft die Person und das Vermögen jedes einzelnen Mitglieds verteidigt und schützt und durch die doch jeder, indem er sich mit allen vereinigt, nur sich selbst gehorcht und genauso frei bleibt wie zuvor» – mit dieser berühmten Formel im 1. Buch (S. 33) schafft Rousseau den Traum einer menschlichen Gemeinschaft, die den Widerspruch zwischen einer perfekten Vereinigung der Bürger und der Vollendung jedes Einzelnen löst. Er erdenkt einen Menschen, der in einem ewigen Wechsel sein Glück durch den Anspruch auf sein Recht, und sein Recht durch den Anspruch auf sein Glück gefährdet.

Rousseau ist aber weit davon entfernt, sich einer romantischen Träumerei zu überlassen. Er bleibt mit beiden Füßen auf dem Boden der konkreten Wirklichkeit. So hört er nicht auf, die Institutionen seines Vaterlands zu erforschen, und beschäftigt sich sogar mit einem Verfassungsentwurf für Korsika und mit einer Konstitution für Polen. Über die Insel schreibt er prophetisch: «Eine gewisse Ahnung sagt mir, eines Tages werde diese kleine Insel Europa in Erstaunen setzen.»

Rousseau legt bei der dokumentarischen Vorbereitung seiner beiden Entwürfe größte Sorgfalt an den Tag. Er informiert sich ganz genau über die Lebensbedingungen, die Sitten und Gebräuche und die Geschichte der Korsen und er zieht eine Zeitlang in Erwägung, hinzureisen, um sich mit eigenen Augen davon zu erzeugen. In Bezug auf Polen hat er vor Ort sehr gute Informanten: Wielhorski, einen litauischen Patrioten, der die Pariser Salons frequentiert, und de Rulhière, der im Auftrag von de Choiseul die Vorgänge in Polen verfolgt. Von Anfang an will

Rousseau sich als Realist zeigen: «Vermeiden wir, wenn möglich», so schreibt er in seinen *Betrachtungen über die Regierung Polens* (OC, S. 953 f.), «uns gleich mit den ersten Schritten in unausführbare Pläne zu stürzen.» Doch bald überlässt sich Rousseau seinem «realistischen Idealismus», wenn er zu dem Schluss kommt, die beste Staatsform für Korsika sei die «weise gemäßigte» Demokratie nach dem Vorbild der Schweiz.

7. Der pädagogische Träumer Die Sprengkraft des *Emile* 1762–1770

Während Rousseau die *Neue Heloise* und den *Gesellschaftsvertrag* fertigstellt und drucken lässt, schreibt er in der Abgeschiedenheit von Montmorency *Emile ou de l'éducation* (*Emile oder über die Erziehung*). Eine erste Version – 430 Manuskriptseiten – entsteht in den ersten fünf Monaten des Jahres 1759. Dann beginnt er eine zweite, korrigierte Fassung, die etwa im Oktober 1760 fertig wird. Sie geht unverzüglich in Druck, aber Verzögerungen, die dabei eintreten, lassen Rousseau vermuten, den Jesuiten läge daran, sein Werk zu verstümmeln. Schließlich erscheint es in Paris im Mai 1762.

Rousseau hat später unablässig beteuert, sein großes Werk in fünf Büchern sei sein vollkommenstes, das, in welchem er sein «System» in umfassendster Weise darstelle und den Menschen und Gott am besten gerecht werde. Der in seinem Tagesablauf penibel strukturierte Kant, der uns die Pforten der Modernität öffnete, hat beim Lesen des *Emile* seinen täglichen Spaziergang vergessen. Und Pestalozzi, der Wegbereiter unserer modernen Pädagogik, erkannte zu Recht, dass der *Emile* «den Wendepunkt der alten und neuen Welt in der Pädagogik» bildete und als «eine Tatsache der Kultur welthistorischer Bedeutung» Epoche machen sollte, obwohl er durch die Schuld «abgöttischer Verehrer oder blödsinniger Erklärer oder erbitterter Gegner», trotz seiner unermesslichen Bedeutung, «ein versiegeltes Buch» blieb.

Diese Bedeutung des Werkes, selbst in den Augen seines Verfassers, ist umso erstaunlicher, als der *Emile* im Gegensatz zu *Julie* nicht auf ein einschneidendes Ereignis zurückgeht. Gewiss, Rousseau ist einmal als Erzieher beschäftigt gewesen, aber ohne entscheidenden Erfolg, ja auch ohne ausgeprägtes Interesse daran. Wir wissen, wie er mit seinen eigenen Kindern verfuhr. Und wenn man in Büchern seiner Zeit von Erziehung sprach, so mangelte es ihnen doch an Originalität.

Der Plan zum *Emile* ist umso überraschender, als man nicht erkennt, wo das Erziehungsprinzip im System seines Verfassers seine Wurzeln haben könnte. In der Natur ist von Erziehung keine Rede – sie vollzieht sich, ohne dass man sich einmischt. Und in der Verdorbenheit unserer zivilisierten Gesellschaft steht durchaus zu fürchten, dass die Erziehung eine kompromittierte Handlung, wenn nicht gar ein Betrug sei. Im derzeitigen Zustand der häuslichen wie der gesellschaftlichen Einrichtungen wäre jede Erziehung praktisch unmöglich. Sie sollte der Natur folgen, aber diese ist unwiderruflich von der Vergesellschaftung verdorben.

Es sei denn, die *Idee* der Erziehung stellt genau die Brücke dar, die es erlaubt, den Abgrund der Widersprüche zu überwinden, die sich in Rousseaus Welt auftun und ihren Schwerpunkt eben im Gegensatz zwischen Natur und Gesellschaft finden. Nun lässt sich leicht feststellen, dass der *Emile* die Aussagen aller anderen Werke Rousseaus, den *Gesellschaftsvertrag* eingeschlossen, enthält, dass er den «natürlichen Menschen» und den «bürgerlichen Menschen» nebeneinander existieren lässt, das «Glaubenbekenntnis» neben der «bürgerlichen Religion», das «Herz» neben dem «Verstand». Dieses Buch, das nach Meinung Rousseaus selbst, «so häufig gelesen, so wenig verstanden und so übel ausgelegt» wird, ist weniger ein Traktat über die Erziehung denn ein «Traktat über die ursprüngliche Güte des Menschen, dazu bestimmt zu zeigen, wie sehr das Laster und der Irrtum, seiner Grundbeschaffenheit fremd, sich von außen hindrängen und unbemerkt ihn umwandeln.»

Der *Emile* ist für Rousseau vor allem eine Möglichkeit, den Weg aufzuzeigen, wie man, wenn man am Ursprung der menschlichen Existenz ansetzt, durch geeignete Erziehungsarbeit eine Humanität von Grund auf erneuern könnte, die sonst, sich selbst überlassen, mit Sicherheit dem Abgrund zusteuert.

Die Lektüre des Werkes ist keineswegs ein reines Vergnügen. Dieser «Erziehungsroman» hat, von der Idylle zwischen Sophie und Emile abgesehen, nichts Romanhaftes an sich; es gibt keinen Handlungsrahmen (ursprünglich sollte der Schauplatz irgendwo im Waadtland liegen), die Figuren haben kein Profil, nur manche Episoden haben einen vagen Anklang an Erfahrungen, die Rousseau gemacht hat. Wenn es sich tatsächlich um einen «Traktat über die Erziehung» handelte, dann wäre das Ergebnis gleichermaßen anfechtbar: dem unablässig von Wiederholungen und Abschweifungen unterbrochenen Aufbau mangelt es an Strenge, der Ton ist nicht einheitlich, das Vokabular ist doppelsinnig (man versuche nur, sich über das Wort *Natur* Klarheit zu verschaffen!). Es scheint, als schwimme Rousseau zwischen verschiedenen Genres. Im ersten Satz seines Vorworts stellt er selbst sein Werk als eine «formlose und fast zusammenhanglose Sammlung von Betrachtungen und Beobachtungen» dar.

Die Ideen an sich sind keineswegs sehr originell, sie passen zumindest in die Atmosphäre der Zeit. In dieser zweiten Hälfte des Jahrhunderts blühen Werke über die Erziehung förmlich auf, und der *Mercure de France* wie das *Journal de Trévoux* bringen immer mehr Artikel über dieses Thema. Alle Welt hat etwas dazu zu sagen: die Philosophen wie Helvetius und die Enzyklopädisten; die Psychologen wie etwa der Genfer Bonnet in seinem 1754 erschienenen *Essai de Psychologie* (*Essay über die Psychologie*); die Utopisten wie der Abbé de Saint-Pierre, dessen *Projet pour améliorer l'éducation* (*Entwurf zur Verbesserung der Erziehung*) Rousseau lesen konnte; die Dichter, die die Grundsätze der Erziehung in Vierzeiler fassen – ganz zu schweigen von den Großen: dem «gelehrten Fleury», dem «weisen Rollin», Montaigne, der im *Emile* ein Dutzend Mal zitiert wird, und vor allem Locke, dessen *Some thoughts concerning education* (*Gedanken über die Erziehung*) ein erfolgreiches Werk ist, das Rousseau in vielen wichtigen Punkten vorausgeht.

Aus dieser Literatur sind mühelos viele Gedanken herauszulesen, die Rousseaus Gedanken vorwegnehmen. Das mütterliche Stillen zum Beispiel: Mediziner und Moralisten jener Zeit ermuntern vielfach dazu und äußern sich verächtlich über bezahlte Ammen. Was die Betreuung der Kinder betrifft, entsteht Mitte des 18. Jahrhunderts das, was man künftig «Puerikultur» zu nennen pflegt. Über die Erziehung durch Erfahrung gegen den Zwang, beschreibt ein umfangreiches, fünfzehn Mal so dick ausgelegtes Werk in neun Bänden des Abbé Pluche, die Lehrmethode der Naturgeschichte, die am besten dazu geeignet ist, «junge Leute neugierig zu machen und ihren Geist zu bilden». Man wiederholt die Wette, dass der Unterricht keine abschreckende Pflicht, sondern so gut wie möglich ein Vergnügen sein soll.

Worin liegt also Rousseaus Neuartigkeit in diesem Strom guter Sitten und Ideen, die die Erziehung voranbringen sollen? Weshalb bleibt der *Emile*, wie Pierre Burgelin nach vielen andern wiederholt, «eins der Schlüsselwerke unserer Zivilisation»? Wodurch bestätigt sich die Behauptung Pestalozzis, der, den entscheidenden Einfluss dieses Werks auf die Entwicklung seines eigenen Denkens und Handelns abwägend, in ihm «den Wendepunkt der alten und der neuen Welt in der Pädagogik» sieht?

Die Antwort darauf gibt Pestalozzi selbst, wenn er in seinem Text *Méthode théorique et pratique* (1826) schreibt: «... von der allgewaltigen Natur allgewaltig ergriffen, die Entfernung seiner Zeitgenossen vom Sinnlich-Kräftigen eben sowohl als vom geistigen Leben, wie kein anderer, und mit unendlichen Schmerzen fühlend, sprengte er mit herkulischer Kraft die Fesseln des Geistes und gab das Kind sich selbst, gab die Erziehung dem Kinde und der menschlichen Natur zurück.»

Die «Fesseln des Geistes», das sind die der Wissenschaft und der Technik, die Tyrannei *des sciences et des arts*, die er schon im ersten Diskurs denunziert hat. Aber das sind auch die unteilbare Beherrschung der Vernunft, die Allmacht der *raison*, worüber er mit den «Philosophen» polemisiert; das sind auch die Fesseln einer Gotteswissenschaft, der Kerker einer *théologie*, deren beherrschender Einfluss die reine Regung des Herzens erstickt, die das Geschöpf seinem Schöpfer nahebringt. Der Verfall der Zivilisation hat glücklicherweise diese Pfeiler erschüttert. Es liegt dann an dem Menschen, eine neue Art des Menschseins aufzubauen, und die Erziehung ist nicht nur der Weg, sondern auch der *Prozess* selbst dieses Neubaus. Der Mensch ist im Wesentlichen ein zu erziehendes Wesen. Die sinnlich-kräftige Natur versöhnt sich dann mit der geistigen. Auf diese Weise löst Rousseau das Kind – und durch das Kind den ganzen Menschen – aus den Banden der bestehenden Natur, um es der Entwicklung der im Werden begriffenen und vom Menschen selbst geführten Natur zurückzugeben. Er macht aus ihm, im etymologischen Sinn des Wortes, einen *adolescens* («einen Heranwachsenden»), und nicht mehr einen vorzeitig *adultus* («einen Erwachsenen»).

Es wäre demnach unsinnig, den *Emile* so anzuwenden wie ein Erziehungslehrbuch der Art, die zu jener Zeit ihre Blüten treibt. Es ist eher eine «Träumerei» – so wird es im Vorwort dargestellt – die den Realismus der Protagonisten und der Situationen mit dem Idealismus eines Projekts, das auf die Freiheit des Subjekts zielt, verbindet. Und die Freiheit – bedeutungsvoller gesagt: die Autonomie als Fähigkeit, sich selbst zu einem Werk seiner selbst zu machen – lässt sich nicht einsperren, weder in Wissenschaft noch in Philosophie noch in Theologie, obgleich alle drei auf jeweils eigene Art am Heranwachsen des Kindes beteiligt sind.

Kurz nachdem der *Emile* veröffentlicht ist, entwickelt sich alles so, als ob Rousseaus Verwerfung des bestehenden Zustands der Gesellschaft, einschließlich ihrer erzieherischen Grundlage, mit einem politischen Gegenschlag beantwortet würde: In Paris, Genf, Bern, ja sogar in Holland, dem Land des freien Denkens, toben die Zensoren.

Kaum aus der Druckpresse gekommen, wird das Buch von der Polizei in Paris beschlagnahmt. Den Autoritäten der Sorbonne tut der Syndikus kund, «dass sich überallhin ein Buch mit dem Titel *Emile ou de l'éducation* verbreitet und dass sein Verfasser in unheilvoller Weise als großer Meister der Verführung und der Verirrung allzu bekannt ist und sein Werk, in gleichem Maße wider den Glauben und die guten Sitten, mit einer Begierde gelesen wird, die ihnen nur verderblich sein kann»; schon bald wird eine Universitätskommission zur Zensur des *Emile* ernannt. Zwei Tage nach dem Gutachten der Sorbonne ordnet das Parlament von Paris an, «dass das nämliche gedruckte Buch im Hofe des Palais, am Fuße der großen daselbst befindlichen Treppe, vom Scharfrichter des Hohen Gerichts zerrissen und verbrannt werde.» Der Verkauf wird verboten; wer Exemplare davon besitzt, muss sie beim Schreiber des Gerichtshofs abgeben. Schließlich verfügt das Parlament noch, «dass man den genannten, auf der Titelseite des nämlichen Buches angeführten Jean-Jacques Rousseau aufgreife, in Verhaft nehme und nach den Gefängnissen der Conciergerie im Palais bringe, auf dass man ihn selbst verhöre und befrage.»

In der Nacht vom 8. auf den 9. Juni warnt La Roche, der Kammerdiener des Marschalls von Luxemburg, Rousseau vor der Gefahr, in der er schwebt. Prinz Conti hat erwirkt, dass man ihn nicht verfolgen werde, falls er fliehen sollte. Rousseau neigt zwar dazu zu bleiben, doch aus Angst, seine Wohltäter zu kompromittieren, entschließt er sich doch zur Flucht. Am Morgen des 9. Juni sieht er in einem Zimmer des Schlosses seine Papiere durch, dann überlässt er es seinem Gastgeber, diese Aufgabe zu vollenden und eigenhändig all das zu verbrennen, was nach dessen Dafürhalten ins Feuer geworfen werden soll. Um vier Uhr, nachdem er sich von Thérèse verabschiedet und an der Pforte des Parks den Marschall lange umarmt hat, verlässt Rousseau Montmorency auf der Straße nach Paris. Auf der Reise begegnen ihm vier schwarzgekleidete Herren in einer Kutsche, die ihn lächelnd grüßen ...

Über Dijon, Dôle, Salins und Pontarlier erreicht er nach fünf Tagen Yverdon, wo sein Freund Roguin ihn seit langem zu einem Besuch eingeladen hat. Am Montag, dem 14. Juni, gelangt er auf Berner Gebiet. Kaum hat er die Grenze überschritten, lässt er die Pferde anhalten: «Ich stieg aus, warf mich zu Boden, küsste die Erde und rief in meinem Überschwange aus: ‹O Himmel, du Schirmherr der Tugend, ich preise dich, mein Fuß betritt ein freies Land!›» (*Bekenntnisse,* S. 807)

Rousseau irrt sich. In Yverdon erfährt er, dass Genf ihn nicht besser behandelt hat als Paris. Am 18. Juni lässt der Kleine Rat bei den Buchhändlern alle Exemplare des *Gesellschaftsvertrags* und des *Emile* einziehen. Am folgenden Tag erhebt Generalstaatsanwalt Jean-Robert Tronchin Anklage gegen ihn, und die gelehrten Herren legen ihren Bericht vor. Die beiden Werke werden verdammt und noch am selben Tag verbrannt. Gegen Rousseau wird Haftbefehl erlassen.

Am 1. Juli sind es dann die Berner Behörden, die das Werk verbieten und Rousseaus Ausweisung aus ihrem Gebiet anordnen. Am 10. lässt sich der Geächtete in Môtiers-Travers im Fürstentum Neuenburg nieder, das zu Preußen gehört und von dem schottischen Lordmarschall Georges Keith regiert wird. Rousseaus Aufenthalt wird von Friedrich dem Großen ausdrücklich gebilligt, ihm wird das Bürgerrecht von Neuenburg zugesprochen. Nun kann er zwei Jahre relativen Friedens genießen, der nur von Ausschreitungen der Bevölkerung und vom Unmut der Stadtverwaltung und der Pastoren getrübt wird, die das geächtete Werk unentwegt angreifen.

Im August 1762 wird das Zensurgutachten der Sorbonne zum *Emile* publiziert, und der Erzbischof von Paris, Christophe de Beaumont, veröffentlicht einen Hirtenbrief, der das Werk verurteilt. Während alle Angriffe nur gegen das Glaubensbekenntnis des savoyischen Vikars gerichtet sind und das übrige Werk ignorierten, fördert dieser Hirtenbrief das Problem des *Emile* klar zutage und brandmarkt die Einführung der Pädagogik in die Religion. Da entschließt sich Rousseau, öffentlich zu antworten, und im März 1763 erscheint ein *Brief von Jean-Jacques Rousseau, Bürger von Genf, an Christophe de Beaumont, Erzbischof von Paris, Herzog von Saint-Cloud, Pair von Frankreich, Großmeister des Ordens vom Heiligen Kreuz, Vorsteher der Sorbonne usw.* In seiner Antwort gibt Rousseau feierlich bekannt, dass er Christ sei, dass der *Emile* seinem Konzept nach von Grund auf christlich ist, aber nicht nach der Art der

Jansenisten, die lediglich die Erbsünde, die Unzulänglichkeit der guten Werke und die Unwiderstehlichkeit der Gnade gelten lassen und die Pädagogik auf Furcht und Zittern gründen: «Sie wissen den Menschen bloß in der Hand des Teufels zu sehen.»

Die Antwort erzürnt die Zensoren noch mehr – quer durch ganz Frankreich, in Rom, wo der *Emile* auf den Index gesetzt wird, und in der reformierten Schweiz, wo die Pastoren den katholischen Hirtenbrief vor ihren Gläubigen schwenken. Eine allgemeine Verschwörung? Für Rousseau schon, er sieht darin nacheinander die Hand des «Hampelmanns Voltaire», des «Harlekins Choiseul», die Intrige der Jesuiten, dann die der Jansenisten. Die Fäden verwirren sich. Es sei denn, es handelt sich dabei um das erste beachtliche, dem Einfluss der Protagonisten entgleitende und die Grenzen überschreitende Phänomen von öffentlicher Meinung, die sich um eine Idee bildet.

Rousseau kann die Genfer Verurteilung kaum fassen: «Wie das, ein Haftbefehl ohne Verhör? Und worin liegt das Verbrechen? Wo sind die Beweise? Genfer, wenn das eure Freiheit ist, dann weine ich ihr wenig nach», empört er sich in seiner Erwiderung vom 22. Juni 1762. Danach beruhigt er sich: «Versuchen Sie nicht, von mir zu sprechen», schreibt er zwei Tage später an seinen alten Freund Pastor Paul Moultou, «aber sagen Sie bei Gelegenheit unseren hohen Herren, dass ich sie immer achten werde, selbst wenn sie ungerecht sind; und all unseren Mitbürgern, dass ich sie immer lieben werde, selbst wenn sie undankbar sind.» Eine Zeitlang hofft er, die dem Patriziat kühl gegenüberstehende Bürgerschaft werde für ihn Partei ergreifen, doch nach einigen unerheblichen Reaktionen scheint alles wieder in Ruhe zu versinken und der Vergessenheit anheimzufallen. Wohlwollende Freunde vermitteln, doch Rousseau lehnt jeglichen Gedanken an einen Widerruf ab, und der *Brief an Christophe de Beaumont,* der eigentlich das Herz der Reformierten hätte erfreuen sollen, wird in Genf ebenfalls verboten.

Da er nun meint, er habe von seinem Vaterland Genf nichts mehr zu erhoffen, setzt Rousseau seinen Plan, den er bereits am 2. April Moultou eröffnet hat, in die Tat um: er verzichtet für immer auf sein Bürger- und Staatbürgerrecht der Stadt und der

Republik Genf. «Mein Vaterland», so schreibt er an den Vorsitzenden des Rates in einem vom 12. Mai datierten Brief, «wiewohl es mir nun fremd wird, kann mir nicht gleichgültig werden; ich bleibe ihm durch ein zärtliches Angedenken verbunden, und ich werde nur seine Schmähungen vergessen.» Der Kleine Rat vermerkt diesen Verzicht ohne jeden Kommentar.

Auf seiten der Bürger regt sich allerdings Unmut. Etwa vierzig von ihnen legen dem Ratsvorsitzenden eine «sehr untertänige und sehr respektvolle Repräsentation» vor, in der sie sich über das gegen Rousseau verhängte Urteil ebenso beschweren wie über die Weigerung des Rates, den Buchhändlern Jean und Isaac Bardin die vierundzwanzig eingezogenen Exemplare des *Emile* zu ersetzen. Wenn die Erfüllung der zweiten Forderung auch erwogen wird, so stößt die erste doch auf heftige Ablehnung. Am 8. August 1763 reichen etwa hundert Bürger eine zweite «Repräsentation» ein, auf die der Kleine Rat nur mit einer lakonischen Antwort reagiert. Am 20. August wird in einem von vierhundertachtzig Personen unterzeichneten Brief an den Ratsvorsitzenden gefordert, dass die Frage dem Allgemeinen Rat als alleinigem für die Interpretation der Gesetze zuständigen Gremium vorgelegt wird.

Damit werden die Vorrechte des Kleinen Rates und die Grundlagen der Verfassung des Staates infrage gestellt. Jean-Robert Tronchin erhält den Auftrag, eine detaillierte und energische Antwort zu verfassen, die am 31. August 1763 veröffentlicht wird: Es obliege dem Kleinen Rat, und nur ihm allein, so argumentiert er, über die Rechtmäßigkeit der «Repräsentationen» zu entscheiden, dies sei sein *droit négatif* (Vetorecht). Während die Bürgerschaft mühsam ihre Erwiderung ausarbeitet, macht eine anonyme Broschüre mit dem Titel *Lettres écrites de la campagne* (*Briefe vom Lande*) in Genf die Runde. Ihr Autor ist niemand anderer als Generalstaatsanwalt Tronchin, der eine sehr geschickte Beweisführung zugunsten der Thesen des Kleines Rates antritt. Die Bürger wissen nicht mehr weiter. Von De Luc gedrängt, erklärt sich Rousseau bereit einzugreifen und verfasst die *Lettres écrites de la montagne* (*Briefe vom Berge*).

Rousseau scheint zunächst beabsichtigt zu haben, eine Geschichte der Genfer Institutionen zu schreiben, beschränkt sich aber schließlich auf seine eigene Verteidigung und die seiner verbotenen Werke. Nein, sein savoyischer Vikar sei nicht unchristlich, und er betont erneut, dass er die Genfer Verfassung Europa als Musterbild dargestellt habe und dass es ihm in seinem politischen Hauptwerk keineswegs um die Zerstörung aller Regierungsformen gegangen sei. In den drei letzten *Briefen vom Berge* geht er zum Angriff über: dieser zielt auf die verfassungsrechtliche Wirklichkeit Genfs, d. h. in erster Linie auf diejenigen, die die Verfassung dazu benützen, sich zum unumschränkten Herrn über den Staat und die Gesetze zu machen und die Souveränitätsrechte der Bürger zur Farce werden lassen; da die Verfassung diesen Bestrebungen keinen wirksamen Riegel vorschiebt, gilt der Angriff allerdings auch ihr. Bei aller Kritik hält Rousseau daran fest, dass die Genfer Verfassung «der Freiheit die echten Grenzen setzt und die ganze Festigkeit verleiht, deren sie bedarf».

Die *Briefe vom Berge* beschleunigen den Verfall des Genfers Regimes: Der Kleine Rat ist wie gelähmt, während sich die Bürgerschaft, die ihren Vorteil nicht auszunutzen vermag, in fruchtlosen Diskussionen erschöpft. Privat ergehen sich die *Négatifs*, die Anhänger des Rates, in Schmähungen gegen Rousseau, «den Feind seines Vaterlands». Doch niemand wagt es mehr, gegen ihn einzuschreiten. Vermittlungen, Aussöhnungen, neue Spaltungen – der Staat Calvins tritt in eine lange Phase der Instabilität. Für Rousseau aber steht die Entscheidung fest: «Ich will nicht mehr von Genf und von dem, was dort geschieht, reden hören», schreibt er am 24. Februar 1765 an die Brüder De Luc. «Hier findet unsere Korrespondenz ihr Ende. Ich werde Sie mein Leben lang lieben, aber ich werde Ihnen nicht mehr schreiben.»

Die *Briefe vom Berge* werden erst in Den Haag und dann in Paris verbannt. Zwei Monate nach ihrer Veröffentlichung liefern sie auch in Neuenburg den Vorwand für eine Kampagne gegen den seltsamen Kauz von Môtiers. Am 18. Februar 1765 reicht der «ehrwürdige Stand» der Pastoren beim Staatsrat von

9 «Emile» hat einen Sturm der Empörung ausgelöst. 1765, nach dem Anschlag auf sein Haus in Môtiers, flieht Rousseau auf die Petersinsel im Bieler See. Der Stich zeigt, wie er Thérèse und ein paar Freunde auf eine Nachbarinsel rudert, um dort einen Hasen auszusetzen.

Neuenburg eine Beschwerdeschrift ein, in der die Briefe als gottloses Werk denunziert werden und ihre Achtung verlangt wird. Die Forderung wird an den Hof von Berlin geschickt und dem König zur Stellungnahme vorgelegt. Aber dieser verbietet jede öffentliche Schmähung des Werkes und weist den Rat an, Rousseau jeglichen Schutz zu gewähren.

Die Pastoren geben nicht auf. Montmollin, der unter Druck gesetzt wird, zwischen der Achtung seines Standes und seiner Freundschaft zu Rousseau zu wählen, bemüht sich, ihn zu einer die Gemüter beschwichtigenden Erklärung zu bewegen. Vergebens. Rousseau wird nun vor das Konsistorium von Môtiers geladen und vom Abendmahl ausgeschlossen. Montmollin wettert von der Kanzel herab gegen ihn. Der Staatsrat gebietet Ruhe und spricht Rousseau noch einmal sein Vertrauen aus.

Anfang September entflammt von neuem die Aufregung rund um diesen Zauberer (oder ist er eine Art Teufel?), der obendrein sonderbar gewandet in einem armenischen Kaftan herumläuft; böswillige Gerüchte über Thérèse machen die Runde. Montmollin hält eine Predigt, die von den braven Bauern als Aufforderung zum Angriff auf den üblen Kauz ausgelegt wird. Noch am selben Abend schleudert man Kieselsteine gegen Rousseaus Fenster; am folgenden Tag entfernt man die Bank, die vor seiner Tür steht; am Dienstag droht ein Bauer, auf ihn zu schießen. Am 6. September, am Abend des Volksfestes von Môtiers, werden die Fenster seines Hauses von großen Steinen zertrümmert, und Rousseau wäre beinah selbst verletzt worden. Tags darauf flieht er nach Neuenburg und von da aus auf die Petersinsel im Bieler See.

Doch am 10. Oktober verfügt der Kleine Rat von Bern, Rousseau von der Insel zu vertreiben. Als diese Anordnung nachdrücklicher wird, setzt Rousseau sich am 25. nach Biel ab. Am 29. verlässt er in aller Frühe Biel mit einem Pass für Berlin. Über Basel erreicht er am 2. November Straßburg. Dort spielt man ihm zu Ehren den *Dorfwahrsager*, er wird gefeiert. Am 14. November erhält er einen Pass für Frankreich. Er hat sich aber inzwischen dazu entschlossen, nach England zu ziehen. Am 16. Dezember trifft er in Paris ein und wohnt unter dem Schutz des Prinzen von Conti im Palast Le Temple: «ganz Paris» kommt ihn besuchen.

Am 4. Januar 1766 bricht er in Begleitung von David Hume von Paris nach England auf, wo er sich zunächst in Chiswick und später in Wooton niederlässt. Die Beziehungen zwischen dem englischen Philosophen und dem Heimatlosen verschlechtern sich aber rasch; die französischen Philosophen lassen es sich nicht entgehen, Streitigkeiten zu schüren.

Trotz der jährlichen Pension, die ihm König George III. zugesteht, schifft Rousseau sich am 21. Mai 1767 in Dover wieder nach Calais ein. Es folgt ein Aufenthalt in Amiens, dann in Fleury-sous-Meudon beim Marquis de Mirabeau. Vorübergehend lässt er sich beim Prinzen Conti in Trye-le-Château unter dem Pseudonym Jean-Joseph Renou nieder und gibt Thérèse als seine Schwester aus. Nächste Stationen: Lyon, Grenoble, Chambéry (wo er Madame de Warens' Grab besucht), Bourgoin ... Die

Ahnung lässt ihn nicht los, dass er überall überwacht wird und dass seine Verfolger ständig Spione auf seine Fährte schicken. Er fühlt sich gejagt, auch von den liebsten Freunden.

Am 30. August 1768 notiert er: «Thérèse Levasseur geheiratet … in Anwesenheit von Monsieur de Champagneux, Bürgermeister von Bourgoin, und Monsieur de Rosière, Artillerieoffizier.» Am nächsten Tag schreibt er an eine Freundin: «Übrigens unsre Vereinigung, auch wenn sie unlösbar geworden ist, hat keine andere Natur genommen und hat nicht aufgehört, so rein und brüderlich zu sein, wie sie ist seit dreizehn Jahren.» Spöttisch begrüßt Voltaire das Ereignis: «Es gefällt mir sehr, dass das alles sein Ende findet und dass die Hexe ihre Liebe beschließt, indem sie ihren Zauberer heiratet.»

Rousseau möchte wieder nach England fliehen – oder nach Amerika oder nach Zypern oder nach Griechenland. Seine Freunde überreden ihn, in Frankreich zu bleiben. Am 24. Juni 1770 ist er wieder in Paris. Er hat gelobt, sich ruhig zu verhalten. Musik, Pflanzenstudien, Souper beim Erzbischof, Theaterbesuche in der Italienischen Komödie. In seinem Kopf ein einziges literarisches Projekt: die *Bekenntnisse*. Die Zeit des Umherirrens ist vorbei.

8. Der Versöhnte
Auf der Suche nach Harmonien und Pflanzen
1770–1774

Rousseau hat sein Pseudonym aufgegeben, er unterzeichnet wieder mit seinem richtigen Namen. Er hat den Wahlspruch des reformierten Genf zu seinem eigenen erkoren: *Post tenebras lux* – «Nach der Finsternis das Licht». Für die Errichtung einer Voltaire-Statue wird eine Anleihe aufgelegt: Rousseau beteiligt sich am Denkmal für seinen Widersacher. Kaum hat er in der Rue Plâtrière eine Wohnung bezogen, da strömen die prominentesten Besucher – Prinzen, Damen der Aristokratie, Gelehrte – herbei, steigen die enge Treppe bis zu seiner bescheidenen Wohnung hinauf und setzen sich auf den schlichten Strohstuhl, um sich mit dem Schweizer über die Dinge dieser Welt zu unterhalten. Er wird um Rat gefragt wie das Orakel Europas.

Er nimmt sein Handwerk als Notenkopist wieder auf und setzt seine Pflanzenstudien fort. Und er liest vor Publikum aus seinen *Bekenntnissen*: bei der Marquise de Pezay, beim Dichter Dorat, bei der Comtesse d'Egmont, vor dem schwedischen Kronprinzen, dem späteren König Gustav III. Er ersehnt die Anerkennung seiner «Wahrheit», der Authentizität seines Erlebens. Da interveniert Madame d'Epinay, um diese öffentlichen Lesungen zu unterbinden: Rousseau gehorcht.

In diesem Paris, an dessen Geselligkeiten er wieder Gefallen findet, wo man ihn mit Wohlwollen und Ehrerbietung aufnimmt und mit einem Lächeln seine ewigen Klagen über die Verschwörung gegen ihn abtut, ist sich Rousseau mehr denn je und voller Stolz bewusst, dass er mit sich allein ist. «Ein Wilder, dazu geschaffen, in Städten zu wohnen» – dies war das Wunschbild, das er sich in der Erziehung eines Emile erschaffen hat. Der Konflikt zwischen dem «Naturmenschen» und dem «Zivilisationsmenschen» ist nun beigelegt; genauer gesagt: er wird in einer Art moralischem Zustand leben, in dem das an der Welt zerbrochene Ego sich in der Abgeklärtheit eines Ichs wiederfindet, das ganz und gar in sich selbst ruht. Die auf dem Weg nach Vincennes verlorengegangene Harmonie ist wiedergefunden, Rousseau hat neue Bande zum Glück geknüpft.

Der Schriftsteller Bernardin de Saint-Pierre besucht Rousseau regelmäßig im vierten Stockwerk des Hauses in der Rue Plâtrière und er beschreibt die Wohnräume, Rousseaus Aussehen und Lebensweise so :

«Wir durchschnitten ein ziemlich kleines Vorzimmer, in dem Haushaltsgeräte fein säuberlich aufgeräumt waren; von da aus betraten wir einen Raum, in dem Jean-Jacques Rousseau saß, in einem Gehrock und mit einer weißen Mütze, damit beschäftigt, Noten zu kopieren. Er erhob sich mit lächelndem Gesicht, bot uns Stühle an und machte sich wieder an seine Arbeit, wobei er sich jedoch ganz und gar dem Gespräch widmete.

Er war von schmächtiger Statur und mittlerer Größe. Eine seiner Schultern schien etwas höher zu sein als die andere, sei es, dass dies die Auswirkung eines angeborenen Gebrechens oder der Haltung war, die er bei seiner Arbeit einnahm, sei es, dass es am Alter lag, das ihn gebeugt hatte ... Er hatte einen dunklen Teint, ein wenig Farbe auf den Wangenknochen, einen schönen Mund, eine sehr gut gewachsene Nase, eine runde, hohe Stirn und Augen voller Feuer. Die schrägen Linien, die von den Nasenflügeln zu den Mundwinkeln verlaufen, brachten in seiner Physiognomie eine große Empfindsamkeit und sogar etwas Schmerzliches zum Ausdruck. Man entdeckte in seinem Antlitz drei oder vier Züge von Melancholie durch die tiefliegenden Augen und die absinkenden Brauen; von tiefer Traurigkeit zeugten die Stirnfalten; eine sehr lebhafte und sogar ein wenig spöttische Fröhlichkeit verrieten dagegen tausend kleine Falten in den äußeren Winkeln seiner Augen, deren Höhlen verschwanden, wenn er lachte. Alle diese Leidenschaften zeichneten sich nacheinander auf seinem Gesicht ab, je nachdem, wie die Themen der Unterhaltung seine Seele berührten; in einem ruhigen Moment lag jedoch eine Spur von allen diesen Regungen auf seinem Antlitz, und es zeigte zugleich etwas Liebenswürdiges, Edles und Rührendes, das Mitleid und Achtung gebot.

Dicht neben ihm stand ein Spinett, auf dem er von Zeit zu Zeit einige Weisen anschlug. Zwei kleine Betten mit grobem Segeltuch, blau und weiß gestreift wie der Tapetenstoff seines Zimmers, ein Tisch und einige Stühle bildeten sein ganzes Mobiliar. An den Wänden hing eine Karte des Forsts und des Parks von Montmorency, wo er gewohnt hatte, und ein Stich des Königs von England, seines ehemaligen Gönners. Seine Frau saß bei ihm, mit einer Näharbeit beschäftigt; ein Zeisig sang in seinem an der Decke hängenden Käfig; Spatzen pickten an den zur Straße hin geöffneten Fenstern Brot, und auf dem Fensterbrett des Vorzimmers sah man Kisten und Töpfe mit solchen Pflanzen gefüllt, die auszusäen es der Natur beliebt. Im Ganzen gesehen herrschte in seiner kleinen Wohnung eine Atmosphäre von Reinlichkeit, Frieden und Schlichtheit, die einem Freude machte.»

Rousseau führt ein äußerst geordnetes Leben nach der Uhr: Er steht um fünf Uhr auf, schreibt bis halb acht Noten ab; dann frühstückt er, wobei er sich noch mit den tags zuvor gesammelten Pflanzen beschäftigt, sie ordnet und auf Papier legt; nach dem Frühstück nimmt er das Notenkopieren wieder auf. Er isst um halb eins zu Mittag. Seine Nahrung ist einfach, er hat eine Vorliebe für Schweizer Gerichte, insbesondere für einen Eintopf aus Speck und Hammelfleisch, Gemüse und Kastanien. Um halb zwei begibt er sich auf die Champs-Elysées, um in Gesellschaft von Bernardin de Saint-Pierre Kaffee zu trinken oder ein Eis zu essen.

Danach macht er sich, meistens allein, auf dem Weg und sammelt an den grünenden Pfaden der Vororte Pflanzen. Als unermüdlicher Fußgänger erreicht er über Wiesen und Weinberge wandernd, den Anger von Saint-Gervais, Clignancourt, den Mont-Valérien, La Muette, den Park von Sceaux, Sèvres, das Bièvre-Tal, Vincennes, Charonne, Ménilmontant, Romainville und so weiter. Der einsame Spaziergänger ist sehr ordentlich ganz in Grau gekleidet, er trägt eine Perücke mit drei Reihen von Locken; er ist barhäuptig unterwegs und hat den Hut unterm Arm oder an seiner Tasche befestigt. Zum Botanisieren nimmt er eine Blechdose, eine Lupe und ein kleines Fernglas mit. Kurz vor Tagesende kehrt er von seinem Spaziergang zurück, isst zu Abend und geht um halb zehn zu Bett.

Seine Leiden haben sich gebessert, seit er auf Arzneien und Ärzte verzichtet. Die selbstverordneten Spaziergänge halten ihn frisch, kräftig und fröhlich: «Ich habe die gute Gesundheit beim Gehen erlangt», schreibt er. Als er den Hügel von Ménilmontant hinuntersteigt, wird er von einer großen dänischen Dogge umgestoßen und bleibt ohnmächtig auf dem Pflaster liegen. Wieder zu sich gekommen, lehnt er Kutsche und Arzt ab und geht zu Fuß in seine Wohnung zurück, wo er seine Wunden selbst behandelt: «Die Natur heilt, nicht die Menschen.» Sobald er krank ist, fastet er und besteht auf Ruhe und Einsamkeit. So sehr er die Sonne liebt, so sehr fürchtet er den Regen. Wenn es regnet, geht er nicht aus: «Ich bin das Gegenteil des Männchens in den Schweizer Barometern: wenn der ins Haus zurückkehrt, gehe ich hinaus, und wenn er herauskommt, gehe ich wieder hinein.»

Seine Arbeit als Notenkopist sichert ihm das Nötigste. Wenn seine Werke auch weiterhin die Buchhändler reich machen, so erhält er schon seit langem nichts mehr dafür, wenn man von einer kleinen Pension auf Lebenszeit absieht, die ihm der Verleger Rey zugesteht. Im Februar 1777 wird Rousseau in einer kleinen Denkschrift die schwierige materielle Situation seines Haushaltes darlegen: Thérèse ist seit langem krank, und so mussten sie eine Dienstmagd einstellen.

Aber für Rousseau, der sich nur deshalb in die Einsamkeit zurückgezogen hat, um besser zu sich selbst zu finden, gilt es, dieses wiedererlangte Glück zum Ausdruck zu bringen, davon Zeugnis abzulegen, es ganz einfach auszusprechen. Dafür hat er das Komponieren, mit dem er in den Harmonien die Dissonanzen der Existenz anklingen lässt. Und das Schauspiel, das diese Dissonanzen in Vergnügen umsetzt. Und es gibt auch die Natur, die den einsamen Spaziergänger an ihren Busen drückt und dem geschickten Botaniker im Rahmen ihrer gesetzmäßigen Ordnung gestattet, mit zarter Hand ihre Früchte zu pflücken.

Aber es gibt vor allem das Wunder des Schreibens, durch das der Mensch sein Herz freizulegen und sich mit der Welt, mit Gott und schließlich mit sich selbst in Bekenntnissen auszusöhnen vermag.

Die Musik begleitet Rousseau sein ganzes Leben lang. Wenn er einst schon einen Beruf ergreifen musste, dann bestand kein Zweifel daran, dass es der des Musikers sein sollte: «Ich war für diese Kunst geboren.» 1742 in Paris gelandet, träumte er vom Ruhm, den er mit seinem Entwurf einer neuen Notenschrift ernten würde. Er komponierte die *Die galanten Musen*, ein nach eigenem Geständnis «mittelmäßiges Werk», dann *Ramiros Feste*, für die er Rameaus Musik und Voltaires Text umschreiben musste, und später feierte er Triumphe mit seinem stets und überall gespielten *Dorfwahrsager*, den Gluck in einem Artikel des *Mercure de France* von 1773 als «ein Musterbeispiel, das ihm noch kein anderer nachgemacht hat» begrüßen wird.

Rousseau arbeitet rastlos an einem *Wörterbuch der Musik*, das im November 1767 in Paris erscheint. Sein Platz in der Oper ist wieder für ihn reserviert; so ist er 1774 bei der Premiere von Glucks *Iphigenie in Aulis* und später auch bei der von *Orpheus und Eurydike* zugegen. Von Juni 1774 ab entwirft er, in Zusammenarbeit mit einem Freund, eine Oper in vier Akten, unter dem Titel *Daphnis und Chloé*, von der er den ersten und einen Teil des zweiten Aktes vollenden wird. Er komponiert noch sechs neue Arien für seinen *Dorfwahrsager*.

Was ihm jedoch ganz besonders am Herzen liegt, ist die gesungene Melodie. Rousseau schreibt ohne Unterlass Romanzen, Lieder, Kantaten, Duette und Trios. Seine Vorliebe für Romanzen geht, so gesteht er in den *Bekenntnissen*, auf seine Tante Suzon zurück, die eine Menge wunderbarer Arien und Lieder kannte. In Môtiers singt er, wie einer seiner Besucher erzählt, gern selbst italienische Arien und Romanzen eigener Komposition, wobei er sich auf einem Spinett oder einer Harfe begleitet. Und noch gegen Ende seines Lebens hört man ihn mit schwacher und brüchiger, aber lebhafter und sanfter Stimme singen und sich, nicht ohne Mühe, mit zitternden Fingern begleiten.

In seinem *Wörterbuch der Musik* definiert Rousseau die Romanze als «eine sanfte, natürliche, ländliche Melodie», die aus sich selbst heraus wirkt, unabhängig davon, wie sie gesungen wird. Und eine einstimmig gesungene Romanze ist für ihn die natürliche Melodie in ihrer natürlichen Harmonie, die unmittelbar das Herz des Zuhörers rührt, während der Interpret in den Hintergrund tritt: «Das Vergnügen an der Harmonie ist nur ein Vergnügen der reinen Empfindung, und der Genuss der Sinne ist stets von kurzer Dauer, ihm folgen sogleich die Sättigung und die Langeweile; das Vergnügen an der Melodie und am Gesang aber ist ein Vergnügen für Verstand und Gefühl, das zum Herzen spricht.» (S. 609)

Wie Jean Starobinski anmerkt, ist in der Schilderung des Chors der Weinleserinnen in der *Neuen Heloise* das Zusammenklingen im Gesang mehrerer Stimmen ein «Fanal an die Erinnerung» an die in weite Ferne gerückten Zeiten vor Einbruch der Zivilisation, gleichsam eine Weise, die ursprüngliche Harmonie in der Natur mit einem Minimum an Künstlichkeit wiederzufinden. Während sich die Stimmen der Frauen erheben, kann Claire «sich eines Lächelns nicht erwehren, Julie sich nicht enthalten, zu erröten», und Saint-Preux muss unwillkürlich seufzen und gestehen: «Alsdann überfällt mich, wenn ich meine Augen auf sie richte und mich der entschwundenen Zeiten entsinne, ein Zittern; eine unerträgliche Last liegt in mir wie ein Stein auf dem Herzen und lässt ein düsteres Gefühl bei mir zurück, das nur unter Schmerzen weicht.»

Und schließlich die Musik des Rousseauschen Satzbaus, die in seinen letzten *Rêveries* (*Träumereien*) so prachtvoll zum Ausdruck kommt. Wir wissen, dass die Sprache für ihn ein künstliches Gebilde der Menschen im Zwiespalt mit der Gesellschaft ist: Sie birgt zugleich das Zurücksehnen nach der verlorenen Einheit und das angestrengte Bemühen, diese Einheit wiederzufinden. Der Rousseausche Satz bewegt sich im Spannungsfeld dieses doppelten Gefühls: Die manchmal erwiesene Widersprüchlichkeit seines Inhalts ließe ihn mit Sicherheit bersten, wenn seine Melodie nicht auf wundersame Weise die verlorengegangene Einheit wiederherstellen würde.

Rousseau möchte die Musik mit dem Theater vereinigen. Er sieht sich gern auch als Mann des Theaters, für den die Inszenierung der menschlichen Laster zum Vergnügen des Schauspiels wird. Er hat insgesamt vier Stücke geschrieben, von denen eines, *Narziss oder der Liebhaber seiner selbst* erfolglos in der Comédie Française gespielt und ein anderes, *Die verwegene Werbung*, wahrscheinlich im privaten Kreis aufgeführt wurde, und er hat drei weitere entworfen. Darüber hinaus sind noch sechs Manuskripte bis in unsere Tage erhalten geblieben. Die Stücke umspannen alle Genres, zu denen ihn das Theater seiner Zeit angeregt hat, sie reichen von der Tragödie über die Komödie bis zur Oper – als wäre Rousseau auf der Suche nach dem «alles umfassenden Schauspiel», das Musik und Handlung verknüpft, möglicherweise realisiert im *Dorfwahrsager*

Doch Rousseau ist vor allem ein eifriger Zuschauer bei den Theaterproduktionen seiner Zeit. In Montpellier, in Venedig und insbesondere in Paris ist er fast jeden Abend im Theater: Er hat freien Eintritt in der Comédie Italienne und er versäumt keine Inszenierung der Comédie Française. Mit seiner Rückkehr nach Paris im Jahr 1770 findet er auch zu all diesen Annehmlichkeiten wieder zurück.

Rousseaus Schaffen quer durch die Theaterkultur spiegelt bis heute vortrefflich den Stand und die Tendenzen des Schauspiels seine Epoche wider, selbst – und insbesondere! – wenn er dieses Theater, wie in seinem *Brief an d'Alembert,* zur Zielscheibe seiner Kritik macht. *Die Entdeckung der neuen Welt* (1739), *Die Kriegsgefangenen* (etwa um 1743), *Der Tod der Lucretia* (1754) – die Themen sind für die damalige Zeit nicht sehr originell, ihre Verarbeitung auch nicht. Aber es klingt in allen ein Rousseauscher Ton.

Es bleibt vor allem Rousseaus beständige Liebe für das Schauspielen, für das Verkleiden (die Stilisierung in der Zeit vor der «Bekehrung», der «natürliche Aufzug» in der Ermitage, der armenische Kaftan aus grobem, braunem Wollstoff in Môtiers ...), für Masken («... ich besuche die Schauspiele häufig mit einer Maske», schreibt er aus Venedig), für deklamatorische Effekte, für dramatische Zuspitzung, für die Inszenierung der pädagogischen Handlung ... Und es bleibt schließlich Rousseaus ungeheures Bedürfnis, sich zur Schau zu stellen. Nicht aus Eitelkeit oder Narzissmus, ja nicht einmal aus Exhibitionismus, sondern aus dem Bedürfnis, für die Dauer einer Vorstellung die tiefe Wunde zu verbergen, die sein inneres Wesen spaltet.

Ist die ganze Welt nicht eine riesige Schaubühne, auf der die Akteure im Scheinen und Selbstdarstellen wetteifern? Und wird der Mensch nicht selbst zum Spektakel: Rousseau inszeniert sich im Gespräch mit Jean-Jacques?

Eine andere Art, die innere Wunde zu heilen oder vielmehr zu vergessen, besteht für Rousseau darin, am Busen der Natur die harmonische Ordnung zu finden, zu der die menschliche Gesellschaft nicht mehr fähig ist.

Gerade in der dunkelsten Phase seines Lebens, als er auf den Grund des Daseins zurückgeworfen wird – verachtet, verleumdet, verdammt und verbannt, «da ich die Menschen floh, die Einsamkeit suchte, mir nichts mehr ausmalte, noch weniger dachte» –, da zieht er aus, den süßesten Trost darin zu finden, die zierlichen Gewächse zu beobachten, die das Val-de-Travers im Fürstentum Neuenburg hervorbringt, wohin er sich geflüchtet hat. Dort keimt eine Leidenschaft in ihm auf, die bis zu seinen letzten Augenblicken anhalten wird.

Seine ersten Schritte auf dem Gebiet einer ihm vollkommen unbekannten Wissenschaft macht er in Gesellschaft von Jean-Antoine d'Ivernois, einem Arzt und Amateurbotaniker aus Neuenburg, und dem reichen Kaufmann Du Peyrou sowie vor allem dem Arzt Abraham Gagnebin, einem ausgezeichneten Botaniker, der Tausende von Pflanzen mit einem Blick voneinander zu unterscheiden weiß. Nach und nach legt Rousseau sich ein Herbarium an und trägt eine kleine Sammlung von Fachbüchern rund um das damalige Standardwerk *Systema naturae* von Carl von Linné zusammen. Von La Ferrière aus, wo sein Freund Gagnebin wohnt, unternimmt er mit diesem lange Wanderungen über Berge und Täler, durch Schluchten und Sümpfe, stets auf der Suche nach neuen Pflanzen. Und als er sich auf der Petersinsel im Bieler See niederlässt, beschließt er, jeden Grashalm zu analysieren und durch unermüdliches Sammeln von Beobachtungen eine *Flora Petrinsularis* zusammenzustellen.

Von seiner Insel vertrieben, gelangt er nach England. In Wooton verteilt er seine Zeit auf das Schreiben der ersten Bücher der *Bekenntnisse*, die Beobachtung der Natur, die Anlage eines Herbariums und auf das Studium von Botanikbüchern, die Du Peyrou ihm zukommen lässt. Hier lernt er zufällig die Herzogin von Portland kennen, eine sehr erfahrene Amateurbotanikerin, die ihn zur Entdeckung einer ihm vollkommen unbekannten Flora anregt. Diese Botaniker-Gemeinschaft wird auch nach Rousseaus Rückkehr nach Frankreich durch einen regen Briefwechsel und den Austausch von Pflanzen fortgesetzt.

Anlässlich eines Aufenthaltes in Grenoble kann er eine ergiebige Exkursion in die Grande-Chartreuse unternehmen. Einen Augenblick lang denkt er in einem Anflug von Melancholie daran, seiner Leidenschaft zu entsagen. Doch Roger de Vilmorin, Herausgeber von Rousseaus *Lettres sur la botanique* (*Briefe über die Botanik*), vermerkt zu Recht in seinem Vorwort (*OC IV*, S. 195 ff.): «... die Welt der Pflanzen ist für ihn zu einer intellektuellen und seelischen Notwendigkeit geworden, und aus ihr, beinahe aus ihr allein, schöpft er weiterhin wenn schon nicht Heiterkeit, so doch zumindest wertvolle Kraft, die düsteren Gedanken zu ertragen, die ihn ständig quälen.» Und schon ist er wieder unterwegs auf der Suche nach neuen Spezies, tauscht mit anderen Sammlern und lässt sich teure Fachbücher aus Holland und England schicken.

Im Winter 1769/70, nach einer letzten, enttäuschenden Wanderung über den Mont-Pilat, entschließt sich Rousseau zum Aufgeben. Aber kaum ist er im Juni nach Paris zurückgekehrt, da nimmt er seine Pflanzenstudien mit größerer Leidenschaft denn je wieder auf. «Mit der Lupe in der Hand erkundete er den Garten des Königs, den Trianon, die Wälder von Meudon, Montmorency, Vincennes und Boulogne, den Park von Saint-Cloud. Am Abend widmete er sich stundenlang dem Bestimmen, Präparieren und Trocknen der zuvor gesammelten Exemplare, wobei er diesen Arbeiten die peinlichste Sorgfalt angedeihen ließ. Bei diesem Präparieren empfand er eine sehr lebhafte Freude, benutzte oft verschiedenfarbige Papiere, um die Formen der Pflanzen und die Farben ihrer Blüten und Blätter besser zur Geltung zu bringen. Wenn es keine blühenden Pflanzen mehr gab, setzte er nichtsdestoweniger seine Spaziergänge fort, sammelte dann Moose und sogar Flechten, bescheidene Sporenpflanzen, für die er sich trotz der Schwierigkeiten bei ihrer Bestimmung lebhaft interessierte, weil sie ihm gestatteten, seine Pflanzenstudien auch mitten im Winter zu betreiben, und auch deshalb, weil sie häufig an Baumstämmen wachsen und ihn in Zeiten, in denen ihm seine Gesundheit zu schmerzhaften Kummer bereitete, der Anstrengung enthoben, sich zu bücken.» (Vorwort de Vilmorin, ibid.)

Bald verfällt er auf den Gedanken, für Amateure und insbesondere für Damen, die sich mit der Botanik vertraut machen möchten, kleine Herbarien anzulegen. Seine Initiative stößt indes auf wenig Erfolg. In derselben pädagogischen Absicht schreibt er zwischen 1771 und 1774 für ein Fräulein, das sich für die Belange der Natur interessiert, seine *Briefe über die Botanik*, ein «Meisterwerk der Genauigkeit und Klarheit», stellt Roger de Vilmorin fest, «trotz einiger Fehler, einiger Naivität, einiger Längen» da und dort. Rousseau beginnt auch einen *Dictionnaire des termes d'usage en botanique* (*Wörterbuch der gebräuchlichen Begriffe in der Botanik*), das ein Fragment geblieben ist, das aber nach der Meinung des französischen Botanikers «ein schöpferisches und bahnbrechendes Werk und keine simple Anhäufung der in den Abhandlungen der bedeutenden Autoren verstreuten Begriffe» darstellt. Rousseau ersinnt außerdem ein System von Zeichen, das die langen Formeln ersetzen soll, mit denen die pflanzlichen Einheiten beschrieben werden. Auch hier beweist er Kreativität und betätigt sich als Wegbereiter einer frühen Form der «Programmierung», die durch die Anwendung der Kybernetik auf die Naturwissenschaften erforderlich geworden ist.

Hätte Rousseau, als Musiker nur mittelmäßig, vielleicht einen ausgezeichneten Botaniker abgegeben? Roger de Vilmorin bezweifelt dies: Wenn die pädagogischen Qualitäten der *Briefe über die Botanik* auch nicht bestritten werden können, wenn Rousseau auch echtes Talent zum Pflanzenkundler an den Tag gelegt hat, so bleibt sein wissenschaftliches Vorgehen doch durch subjektive Apriori getrübt, die ihm den Zutritt zum Pantheon der Botaniker verwehren: philosophische Vorurteile (Finalismus, Anthropozentrismus), romantischer Überschwang (seine Liebe zur Natur und seine Ablehnung der «gezüchteten» Pflanzen in Gärten und Gewächshäusern oder der «verunstalteten Pflanzen» in Wohnräumen), eine unvernünftige Weigerung, Pflanzen medizinisch zu nutzen, eine Überempfindlichkeit gegenüber wissenschaftlichen Fachausdrücken.

Also weder Gelehrter noch Amateur. Guter Pädagoge, aber unsicherer Lehrer aus Mangel an grundlegenden Kenntnissen. Rousseaus eigentliches Interesse liegt woanders, nämlich in einem «Studium aus reiner Neugierde, das keinen anderen reellen Nutzen hat als den, den ein denkendes und fühlendes Wesen aus der Beobachtung der Natur und der Wunder des Universums ziehen kann.» Die Sensibilität lebt aus dem unmittelbaren Kontakt mit der Natur. Gleichzeitig findet das denkende Wesen darin sein Glück, wenn es, von der offensichtlichen Unordnung ausgehend, geduldig wieder eine Ordnung herstellt. Aber sonst nichts, auf keinen Fall diese «Verführung» durch die Wissenschaft, die einen vergessen lässt, dass sie eigentlich nur zum Glück des Menschen auf dieser Welt dasein sollte. Wäre Rousseau «Natur-Wissenschaftler» geworden, wäre er gewiss kreuzunglücklich geworden.

Der Musik und der Botanik widmet sich Rousseau nur, um die Harmonie und Ordnung der Natur zu bezeugen, dem Theater dagegen, um die Unordnung der menschlichen Seelen zu inszenieren.

9. Der Bekenner
«Ich fühle mein Herz»
Bis 1778

Die Musik, das Schauspiel und die Botanik waren allerdings nur untergeordnete Formen der Aussöhnung des innerlich zerrissenen Menschen mit sich selbst. Rousseau sollte einer Gegenüberstellung Auge in Auge mit Jean-Jacques nicht entkommen. Nach einer Lebensphase, in der er zunächst sich selbst überlassen war und der die große Zerrissenheit der fünfziger Jahre folgte, aus der seine bedeutenden Werke hervorgingen, sollte er sich mit sich selbst aussöhnen, mit seinem Dasein, das immer wieder seine Ideen und Vorhaben über alle Abgründe hinwegtrug.

Er tut dies in Form der *Confessions* (*Bekenntnisse*), die er schon sehr früh ins Auge gefasst hat, wahrscheinlich um 1760, und in den vier *Briefen an Herrn von Malesherbes* vom Januar 1762 erstmals schon zum Teil verwirklicht hat. Erneut provoziert durch die Verbreitung einer anonymen Schmähschrift (von Voltaire natürlich!), die der Öffentlichkeit enthüllt, wie schändlich sich der Verfasser des *Emile* seinen eigenen Kindern gegenüber verhalten hat, beginnt das autobiographische Werk ihn im Jahr 1764 ernsthaft zu beschäftigen. Er arbeitet in der Einsamkeit von Wooton daran, dann im Schloss zu Trye, und das letzte Buch stellt er erst im Herbst 1770 in Paris fertig.

Auf seinen Wunsch wird das Werk aber nicht zu seinen Lebzeiten veröffentlicht, sondern erst nach dem Tod der im zweiten Teil erwähnten Personen. Wir besitzen drei Manuskripte der *Bekenntnisse*: eine erste Abschrift, die Rousseau, kurz bevor er starb, seinem Freund Paul Moultou geschenkt hatte und die dessen Nachkommen 1788 der öffentlichen Universitätsbibliothek von Genf hinterließen; eine zweite Abschrift, die die «Bürgerin Thérèse Levasseur» am 5. Vendémiaire (27. September) 1794 feierlich dem Nationalkonvent vorlegte und die zunächst im Nationalarchiv aufbewahrt wurde und später an die Bibliothek der Nationalversammlung im Palais-Bourbon überging; schließlich vertraute Rousseau noch seinem Botanikerfreund Du Peyrou eine Abschrift der ersten drei Bücher und des Beginns des vierten Buchs an, die sogenannte *Neuenburger Handschrift*.

Es hat den Anschein, als habe sich Rousseau schon sehr früh mit dem Gedanken getragen, sein Leben aufzuzeichnen, wahrscheinlich bereits während seiner Zeit in der Ermitage. Von seinem Verleger Rey gedrängt, beginnt er Erinnerungen aufzufrischen, Briefe und Dokumente zusammenzutragen und zu den Schauplätzen seiner Vergangenheit zurückzukehren. Aber der schwere Schlag, den ihm Voltaire am Neujahrstag 1765 versetzt hat, gibt den entscheidenden Anstoß: er will «alles sagen». Die öffentliche Anschuldigung wird er mit einem öffentlichen Bekenntnis beantworten und damit sein Leben, sein ganzes Leben, der Betrachtung durch andere Menschen anheimstellen. Ein «Unternehmen, das kein Vorbild hat und dessen Ausführung auch niemals einen Nachahmer finden wird. Ich will vor meinesgleichen einen Menschen in aller Wahrheit der Natur zeigen, und dieser Mensch werde ich sein. Einzig und allein ich. Ich fühle mein Herz – und ich kenne die Menschen. Ich bin nicht gemacht wie irgendeiner von denen, die ich bisher sah, und ich wage zu glauben, dass ich auch nicht gemacht bin wie irgendeiner von allen, die leben. Wenn ich nicht besser bin, so bin ich doch wenigstens anders», so fangen die *Bekenntnisse* (S. 37) an.

Indem er sich auf diese Weise entblößt, wird er die wahre Güte des Naturmenschen wiederfinden, die Einfachheit des Mannes aus dem Volke, die Unschuld der Kindheit. Das schlichte Bekenntnis dessen, was ist, und dessen, was war, wird ihn von jeglicher Sünde reinwaschen. Ein Mensch, der die Beichte seines Lebens ablegt, ist schon allein dadurch im Recht. Infolgedessen fürchtet er, Rousseau, der gläubige Rousseau, auch wenn die Menschen ihn schlecht beurteilt haben mögen, Gottes Urteil nicht. So fährt er feierlich fort (*Bekenntnisse*, S. 37): «Die Posaune des Jüngsten Gerichts mag erschallen, wann immer sie will, ich werde vor den höchsten Richter treten, dies Buch in der Hand, und laut werde ich sprechen: Hier ist, was ich geschaffen, was ich gedacht, was ich gewesen. Mit gleichem Freimut habe ich das Gute und das Böse gesagt. Vom Bösen habe ich nichts verschwiegen, dem Guten nichts hinzugefügt. Sollte es mir widerfahren sein, irgendwo im Nebensächlichen ausgeschmückt zu haben, so ist es niemals aus einem anderen Grund geschehen, als um eine Lücke auszufüllen, die mein Gedächtnis verursacht hat. Ich habe für wahr halten dürfen, was meines Wissens hätte wahr sein können, niemals aber etwas, von dem ich wusste, dass es falsch sei. Ich habe mich so gezeigt, wie ich gewesen bin: verächtlich und niedrig, wo ich es war, und ebenso edelmütig und groß, wo ich es war: ich habe mein Inneres so enthüllt, wie du es selber geschaut hast.»

Rousseaus Bedürfnis, sich zu rechtfertigen sowie die wiederholt beteuerte Ehrlichkeit haben jenen, die in den *Bekenntnissen* nach Material suchen, um eine Biographie Rousseaus zu schreiben, das Werk sehr schnell verdächtig gemacht. Von «geheimen Zuneigungen» getrieben, verharrt Rousseaus Feder bisweilen bei einem an sich unbedeutenden Ereignis, das ihn aber tief geprägt hat; dann wieder geht sie, ohne innezuhalten, über lange Zeiträume hinweg und verweilt übermäßig bei der wiederempfundenen Freude über ein entschwundenes Glück. Während sie ein Ereignis erhellt, verzerrt sie es zugleich, und sei es nur durch den Zauber des Stils. Sobald es jedoch um die Sünde geht, um das Böse, die Tat, um deretwillen die Menschen mit anklagendem Finger auf ihn zeigen (die zu Unrecht des Hauses verwiesene Köchin, eine im Stich gelassene Frau, die auf skandalöse Weise preisgegebenen Kinder), dann wirbelt die Feder über das Papier und kreist um die «Tatsache» herum, um aufzuzeigen und zu beweisen, dass er, Rousseau, keineswegs schuldig sei, dass er von Grund auf guten Willens gewesen sei, dass dieser gute Wille aber durch das verhängnisvolle Zusammenspiel der Umstände und letzten Endes durch die – sich diese Umstände geschickt zunutze machende – Bosheit der anderen Menschen aus seiner Bahn geworfen worden sei.

Rousseau will nichts verschleiern, denn «sein gleich einem Kristall durchsichtiges Herz kann nichts von dem verbergen, was in ihm vorgeht, jede Regung, die in ihm aufsteigt, teilt sich seinem Auge und seinem Gesicht mit.» (*Schriften* 2, S. 484) Er will «alle Falten seiner Seele» aufdecken, dem Leser alle Beweisstücke aushändigen und es ihm überlassen, die Wahrheit herauszufinden. Und, natürlich, ihn freizusprechen.

Als hätte die Autobiographie mit Realität zu tun! Im einem Brief vom 12. September 1761 an Don Deschamps schreibt Rousseau: «Ich bin im Übrigen überzeugt, dass man sich immer sehr gut gemalt hat, wenn man sich selbst gemalt hat, auch wenn das Porträt keinerlei Ähnlichkeit aufweist.» Denn für ihn geht es nicht um Realität und um Treue zum tatsächlich Erlebten, sondern um Authentizität. Und das Gesetz der Authentizität, so kommentiert Jean Starobinski, «erfordert nicht, dass die Sprache eine vorausgegangene Wirklichkeit reproduziert, sondern dass sie ihre Wahrheit in freier und ununterbrochener Entwicklung produziert. Sie lässt zu, ja sie verlangt sogar, dass der Schriftsteller, der Suche nach seinem ‹wahren Ich› in einer erstarrten Vergangenheit entsagend, es beim Schreiben ins Leben ruft. Auf diese Weise macht sie gewissermaßen den Akt wahr, dem die unerbittliche Moral vorwerfen könnte, er sei eine Fiktion, eine unkontrollierbare Erfindung.»

Den sehr schnell in Verdacht geratenen Bekenntnissen ist es jedoch nicht gelungen, das Verständnis der Zeitgenossen zu wecken; im Gegenteil, der Schraubstock der Verleumdungen und Hassausbrüche setzt Rousseau immer mehr unter Druck. Also fordert er seine Feinde wieder einmal öffentlich heraus, enthüllt sein Ich so, wie es seiner «standhaften Manier zu sein» entspricht, vom Strom des Daseins befreit, über seine Leiden und Vergehen erhaben. Nein, man wird Rousseau nicht gegen sich selbst aufbringen: «... wie könnten sie da wohl mein Wesen verändern und verderben? Sie können sich immer einen Jean-Jacques nach ihrer Mode machen, Rousseau wird ihnen zum Verdruss immer der nämliche bleiben.» (*Schriften* 2, S. 628)

Um den Franzosen seine Identität darzulegen und sich vor ihnen zu rechtfertigen, schreibt er zwischen 1772 und 1776, in Form von «Gesprächen» vor dem Spiegel, *Rousseau juge de Jean-Jacques* (*Rousseau richtet über Jean-Jacques*) – eine «schmerzliche Pflicht», die ihm viel Pein bereitet.

Einmal mehr geht das Werk über den Anlass, aus dem es geschrieben wurde, hinaus, nämlich über diese Verschwörung, die von der Bosheit der ehemaligen Freunde lebt, die Verleumdungen seitens der Pariser Sippe, den Klatsch in den Gazetten. Hat es wirklich ein Komplott gegeben? Das ist noch immer umstritten. Entscheidend ist, dass Rousseau daran geglaubt hat und dass er für seine eigene Unschuld daran glauben musste. Er brauchte die Beschuldigungen, die Verleumdungen, den Hass, um sich in die auf diese Weise entstandene Kluft zwischen dem natürlichen und dem verbürgerlichten, von der Gesellschaft verdorbenen Menschen zu begeben und sich beim Schreiben der *Gespräche* wiederzufinden. Er brauchte das Komplott, um sich seiner Einsamkeit zu versichern. Die Identität kann nur dann zur Geltung kommen, wenn die Andersartigkeit behauptet und gleichzeitig geleugnet wird.

Dies findet sich in der Dialektik wieder, die den Verlauf der *Gespräche* prägt. Die Tatsachen sind vorhanden. Rousseau schiebt sie aber von vornherein beiseite, um den Gedanken an die Verschwörung in den Vordergrund zu rücken, dann argumentiert er, rasselt mit dem Säbel, gibt sich lustig und ironisch, um den Widersacher zu verwirren, den er sich in seiner Phantasie erschaffen hat. Das ist Don Quichotte, doch während Cervantes' Held sich am Fuße der Windmühle ausstreckt, lässt sich Rousseau von Anfang an in der zeitlosen Vision einer Idealwelt nieder, die sich im zweiten Gespräch als seine eigene Welt erweist.

Dort, wo er sich künftig bewegt, erreichen ihn die Anschuldigungen nicht mehr wirklich, er hat keine Angst mehr vor ihnen, und jene, die ihn zum Psychiater schicken wollen, irren sich: Ihre Intrigen haben nur bewirkt, dass Rousseau zur Quelle seines Seins zurückfindet, zur ursprünglichen Spannkraft, die seinen Weg nach vorn bestimmt. Der Prozess, den die «Philosophen» eingeleitet haben, schlägt am Ende in eine Verwirrung des Denkvermögens um, das mit so viel Nachdruck das Für und Wider verteidigt. Während er Rousseau mit Jean-Jacques streiten lässt, zieht sich der Autor dieser Gespräche auf Zehenspitzen an den Brennpunkt seines Seins zurück, von dem aus der Wille zum Guten oder zum Bösen ungehindert emporlodert. Dann empfindet er darüber eine Glückseligkeit, die einen Hauch von Ewigkeit an sich hat: «Der aber, der aus seinem engen Kerker des persönlichen Interesses und der kleinen irdischen Leidenschaft ausbricht, sich auf den Flügeln der Einbildungskraft über den Dunstkreis der Erde erhebt, der, der ohne seine Kräfte und Fähigkeiten im Streit gegen das Glück und das Schicksal zu erschöpfen, sich in ätherischen Gegenden versetzen, dort in erhabenen Betrachtungen sich ergehen und sich halten kann, der kann von dort die Schläge des Schicksals und die sinnlosen Urteile der Menschen verlachen. Er ist über ihre Angriffe erhaben, er hat ihre Stimmen nicht nötig, um weise, noch bedarf er ihrer Gunst, um glücklich zu sein.» (*Schriften* 2, S. 432)

In einer unterschiedlichen Form verfolgen die *Gespräche* dasselbe Ziel wie die *Bekenntnisse*, nämlich die Offenbarung der unberührbaren Einheit seines Wesens und seines Denkens, wobei die Dialektik der Gespräche allmählich eine unausweichliche Überzeugung aufbauen soll. In einem verzweifelten Bemühen, Transparenz zu erreichen, zeigt Rousseau, dass seine Bücher nicht lügen konnten, und die Wahrheit des Menschen wird zur Bürgschaft der Wahrheit des Werkes.

Eines Tages im Februar 1776 macht Rousseau sich auf den Weg, um das Manuskript von *Rousseau richtet über Jean-Jacques* am Hauptaltar von Notre-Dame in Paris niederzulegen – ein Gitter verwehrt ihm den Zutritt zum Altarraum, er kehrt um. Beinahe fünfzig Jahre zuvor hatte Genf seine Tore vor ihm verschlossen, jetzt versperrt man ihm den Zugang zum Altar Gottes. Ein Wink des Himmels? In einer Welt, in der ihn weder der «Menschenstaat» noch der «Gottesstaat» noch empfangen will, bleibt kein anderer Ausweg als die Rückkehr zu sich selbst in die gewollte und uneingeschränkt angenommene Einsamkeit.

«So bin ich denn nun allein auf Erden, ohne Bruder, ohne Nächsten, ohne Freund, meiner eigenen Gesellschaft überlassen. Der geselligste und liebevollste Sterbliche ist mit allgemeiner Übereinstimmung seiner Mitmenschen aus ihrer Gesellschaft verbannt worden. Sie haben in ihrem ausgeklügelten Hass die Qualen gefunden, die für meine empfindliche Seele die grausamsten sein mussten, und haben gewaltsam alle Bande, die mich an sie knüpften, zerrissen. Wider ihren Willen hätte ich die Menschen geliebt, und nur, indem sie aufhören, Menschen zu sein, konnten sie meine Anhänglichkeit zerstören. Sie sind mir also fremd, unbekannt, endlich nichts geworden, weil sie es so haben wollten. Aber ich, losgelöst von ihnen und von allem, was bin ich selbst? Das bleibt mir noch zu untersuchen.» So beginnen die *Rêveries du Promeneur solitaire* (*Träumereien eines einsamen Spaziergängers; Schriften* 2, S. 639) – Rousseaus letztes Werk.

Allein mit sich selbst, überlässt sich der Spaziergänger, während sich sein Körper der gleichmäßigen Bewegung des Gehens anpasst, der Träumerei inmitten einer Natur, die sich ihm verbündet. Es ist keine Flucht zu reinen Phantasiegeschöpfen, sondern eine Form freier Meditation, die alle Themen aufgreift, die Rousseau teuer sind, eine Meditation, die sich fortan selbst genügt und nichts mehr von außen oder von anderen Menschen erwartet (S. 717): «Ich habe zuweilen tief genug gedacht, aber selten mit Vergnügen, fast immer wider meinen Willen und wie durch Gewalt fortgetrieben: die Träumerei erholt und unterhält mich, das Nachdenken ermüdet mich und macht mich traurig. Denken war mir stets eine mühsame und reizlose Beschäftigung. Manchmal verlieren sich meine Träumereien wohl in Betrachtungen, öfter aber noch gehen meine Betrachtungen in Träumerei über, und während dieser süßen Betäubung irrt und schwebt meine Seele auf den Fittichen der Einbildungskraft durch das Weltall in Entzückungen, die jeden anderen Genuss übertreffen.»

Und die Feinde, die Verleumder, die Verschwörung? Gewiss sie sind immer noch da, sie erreichen ihn aber nicht mehr (S. 643 ff.): «Für mich ist auf Erden alles zu Ende. Hier kann man mir weder Gutes noch Böses mehr zufügen. Ich habe für diese Welt nichts mehr zu hoffen noch zu fürchten, und ich bin in der Tiefe des Abgrunds ruhig, ein armer unglücklicher Sterblicher, aber unerschütterlich wie Gott selbst. Alles, was außer mir ist, ist mir nun fremd. Ich habe in dieser Welt weder Nächste noch meinesgleichen, noch Brüder mehr. Ich bin wie aus der Welt, die ich bewohnte, auf einen fremden Planeten versetzt.»

Und diese bösen Taten, die man ihm zur Last legt, all die Lügen, die man ihm vorwirft? Dem Menschen bleibt die Freiheit, sich in aller Unschuld eine Wahrheit zu erfinden, die Lüge liegt in der Täuschungsabsicht dessen, der sie im Munde führt (S. 680): «Eine Lüge zu seinem eigenen Vorteil ist listige Verstellung, Lügen zu anderer Vorteil ist Betrug, Lügen, um zu schaden, ist Verleumdung, und dieses ist die schlimmste Art Lüge. Lügen ohne Nutzen noch Nachteil für sich oder andere heißt nicht lügen, es ist nicht eine Lüge, sondern Erdichtung.»

Wie steht um das Glück, das er auf seiner endlosen Wanderung gesucht hat? Er genießt es jetzt in der schlichten Erinnerung an seinen Aufenthalt auf der Petersinsel, wenn er die Zeit heraufbeschwört, da er allein, auf dem Boden seines Kahns liegend, sich vom Wasser treiben ließ und sich «in tausend verworrene, aber wollige Träumereien» versenkte (S. 699 ff.): «Und was genießt man in einer solchen Lage? Nichts, das außer uns selbst wäre, nichts als sich selbst und sein eigenes Dasein, und solange dieser Zustand währt, ist man, wie Gott, sich selbst genug. Das Gefühl des Daseins, von jeder anderen Empfindung entblößt, ist an sich selbst ein köstlicher Genuss der Zufriedenheit und Ruhe.»

Das Versagen gegenüber seinen Kindern? Nie hat ein Mensch so viel Freude empfunden – und empfindet sie noch in fortgeschrittenem Alter –, wenn er kleinen Kindern zuschaut, die miteinander spielen und ausgelassen sind. Wenn er seine eigenen Kinder im Stich gelassen hat, dann geschah es aus «Furcht vor einem für sie tausendmal schlimmeren und auf allen anderen Wegen schier unausweichlichen Schicksal». Eines bleibt dennoch gewiss (S. 746): «Habe ich in der Kenntnis des menschlichen Herzens nur einige Fortschritte gemacht, so verdanke ich sie dem Vergnügen, mit dem ich stets Kindern zusah und sie betrachtete.»

Entschieden das beste ist es, sich auf sich selbst zu besinnen, sich selbst näherzukommen, sich zu «beschränken», «von der eigenen Substanz zu zehren». Mit einem Mittel, das Rousseau ausgezeichnet zu handhaben weiß: mit dem Schreiben.

Rousseau schreibt seine *Träumereien*, um sich selber zu erkennen, aber vor allem, wie Marcel Raymond anmerkt, um «sich beim Wiederleben seiner selbst zu erfreuen». Sie sind eine unvollendete Fortsetzung der Romanzen, in einem musikalischen Stil von eleganter Schlichtheit komponiert, deren Klangfülle, rund um eine Dominante, in jedem heraufbeschworenen Thema Rousseaus Seelenzustand widerspiegelt. Mit den *Träumereien* setzt sich die in sich gekehrte Existenz in entfesseltes Schreiben um. Die Sprache ist hier nicht einmal mehr das konventionelle Mittel, das zur Enthüllung einer verborgenen Existenz dienen soll: sie *ist* die enthüllte Existenz.

Am 12. April 1778, dem Palmsonntag, begonnen, ist der Zehnte Spaziergang Fragment geblieben. Am 20. April unternimmt Rousseau in Gesellschaft von Bernardin de Saint-Pierre einen letzten Ausflug auf den Mont-Valérien. Sein alter Freund aus Genf, Paul Moultou, weilt gerade zu Besuch. Ihm vertraut er verschiedene Manuskripte an, darunter eine Abschrift der *Gespräche*, eine der *Bekenntnisse*, das *Morceau allégorique sur la Révélation* (*Allegorisches Bruchstück über die Offenbarung*)

10 Dem Botanisieren widmet sich Rousseau jahrelang mit Ausdauer und Begeisterung. Auch in den letzten Wochen seines Lebens streift er zum Pflanzensammeln durch den Park von Ermenonville. Nach einem letzten Spaziergang stirbt er am 2. Juli 1778 um elf Uhr vormittags.

und ein Manuskript der *Institutions chimiques* (*Chemische Institutionen*).

Am 20. Mai verlässt er Paris, um sich in Ermenonville beim Marquis de Girardin niederzulassen, der ihm seine Gastfreundschaft angeboten hat. Dort bewohnt er ein einfaches Haus inmitten des Parks in einem kleinen, wilden Tal. Alles, was ihn bezaubern kann: einsame Wälder, stille oder plätschernde Wasser, eine «Einöde», in der keines Menschen Spur in Sicht ist. Thérèse hat in aller Eile ihr armseliges Mobiliar verkauft, um zu ihrem Mann zu kommen.

In seiner ländlichen Abgeschiedenheit widmet sich Rousseau der Botanik, wobei er den zweiten Sohn des Marquis de Girardin an seiner Leidenschaft teilhaben lässt. Schon früh am Morgen macht er sich auf den Weg, um Pflanzen zu sammeln, kommt zum Mittagessen nach Hause, und oft geht er noch einmal bis zum Abend fort. Er hat begonnen, eine Sammlung der gesamten Flora dieses Landstrichs anzulegen.

Abends speist er häufig im Schloss; oft wird auch musiziert. Es mangelt ihm nicht an Plänen: sein Herbarium ordnen, Sporenpflanzen, Moose und Pilze studieren; seine Oper *Daph-*

nis und Chloe weiterverfolgen, die Fortsetzung des *Emile* fertigschreiben ...

Am 2. Juli bricht er wie gewöhnlich um fünf Uhr morgens auf. Er muss jedoch mehrmals innehalten und sich hinsetzen. Er kommt um sieben Uhr zum Frühstück nach Hause, trinkt eine Tasse Milchkaffee, dann klagt er über verschiedene Beschwerden, vor allem über heftige Kopfschmerzen. Um elf Uhr stirbt er. Am folgenden Tag fertigt der Bildhauer Houdon die Totenmaske an. Es wird eine Autopsie vorgenommen: Rousseau soll an einem Schlaganfall gestorben sein.

Der Marquis de Girardin besteht darauf, ihm eine angemessene Grabstätte zu errichten. Im malerischsten Teil des Parks gibt es einen kleinen, von Hügeln und Wäldern umgebenen See, und mitten im See eine von Pappeln bewachsene Insel: An diesem bezaubernden Ort, den Rousseau sich selbst ausgesucht hatte, soll sein Leichnam bestattet werden. Girardin lässt ihn einbalsamieren und in einen innen mit Blei ausgekleideten Sarg aus Eichenholz einschließen. Obenauf werden Plaketten angebracht, die den Namen, das Alter und das Todesdatum des Verstorbenen tragen. Dann lässt er am Samstag, dem 4. Juli, um elf Uhr abends, vom Arzt Le Bègue du Presle und einigen Freunden begleitet und umringt von einer mitfühlenden und bewegten Menschenmenge, die sich auf die angrenzenden Hügel verteilt, den Sarg in das für ihn geschaufelte Grab versenken. Kurze Zeit danach überragt ein mit Inschriften versehenes und mit Flachreliefs verziertes Mausoleum von schöner Schlichtheit die Grabstelle.

Diese Pappelinsel heißt von nun an Elysium und wird zu einer von Neugierigen und Rousseau-Verehrern häufig aufgesuchten Pilgerstätte. Unter diesen Pilgern neuen Stils ist die von ihrem ganzen Hofstaat begleitete Königin Marie-Antoinette zu nennen. Nur König Ludwig XVI. lehnt es ab, sich dem Ort zu nähern.

Im Oktober des Jahres 1794 veranlasst der Nationalkonvent, dass Rousseaus sterbliche Überreste in großer Feierlichkeit ins Pantheon überführt werden. Er wird neben Voltaire beigesetzt.

Epilog
Jenseits der Widersprüche

In Rousseaus Werk, in seinem Leben und in seiner Persönlichkeit flackern Widersprüche auf, die aufzuheben er sich nicht die Mühe gemacht hat. Lieber wollte er ein «Mensch der Paradoxa» sein denn ein «Mensch der Vorurteile».

Man stellt ihn gern als einen Menschen voller Herz und Gefühl dar, doch er ist ein Sohn der Aufklärung geblieben, gleichermaßen empfänglich für die Reize und für die Erfordernisse des Verstandes. Er weiß vortrefflich mit ihm umzugehen, wenn er sich anschickt, gegen philosophische Widersacher ins Feld zu ziehen, er verteidigt ihn regelmäßig gegen alle Arten von spirituellem Illuminismus, die zu jener Zeit ihre Blüten treiben. Er arbeitet systematisch und ist von der Einheitlichkeit seines Denkens überzeugt. Er liebt die Ordnung und findet sich nicht mit Anarchie und *Laisser-aller* ab; davon zeugen sein Heim und seine Kleidung, beides stets sorgfältig gepflegt, sowie seine wieder und wieder mit Eifer abgeschriebenen Manuskripte und seine mit professioneller Gründlichkeit angelegten Herbarien.

Rousseau ist auch insofern ein Sohn des Jahrhunderts der Aufklärung, als er Interesse für die Wissenschaften bekundet, insbesondere für die Experimentalwissenschaften, denen er sich regelmäßig widmet. Er betreibt Physik und Chemie mit Francueil, Botanik mit bedeutenden Spezialisten; er ist ein leidenschaftlicher Leser Buffons, ein Bewunderer Condillacs, dem die Psychologie des *Emile* viel verdankt; er plant, neben den *Institutions politiques*, auch einen Traktat über Chemie zu schreiben ...

Aber es ist derselbe Rousseau, der gern «alle Tatsachen beiseiteschieben» möchte, um sein Herz sprechen zu lassen. So bleibt er denn, in seinem Werk wie in seinem Leben, der Mensch der unveräußerlichen Freiheit. Die Wunde, die er mit seiner ersten *Abhandlung* dem aufgeklärten Jahrhundert und seinem blinden Glauben an den Triumph der Wissenschaften beigefügt hat, ist für ihn wahrhaftig nie verheilt: All diese Anhäufung von Wissenschaft und Technik, auf die das Jahrhundert der *Enzyklopädie* so stolz ist, ist in seinen Augen ganz bestimmt keine Sekunde der Mühe wert, wenn der Mensch dabei sein Glück nicht findet oder gar ins Unglück stürzt. So ordnet sich das Reich des Wissens dem Reich der Moral unter, und das Ich wird am Ende zum letzten Urteilenden über die vom Menschen gewonnenen Kenntnisse: «Sein System kann falsch sein», lässt er einen der beiden Partner in *Rousseau richtet über Jean-Jacques* sagen, «aber indem er es entwickelte, malte er sich selbst auf eine so charakteristische und sichere Art in seiner wahren Gestalt, dass es unmöglich ist, dass ich mich hierin täusche.» (Schriften, Bd. 2, S. 568)

Das Subjekt Rousseau hat sich auf diese Weise aus seiner Deckung herausbegeben und dabei Zustimmung oder Ablehnung gefordert. Kein Schriftsteller hat so sehr wie er Klatsch, Verleumdungen und Hass auf sich gezogen – Voltaire hat ihn quasi als Prügelknaben benutzt. Man ist entweder Rousseauist oder Anti-Rousseauist mit Leib und Seele, diesseits oder jenseits allen räsonierenden Verstands. Wie Eric Weil (S. 121) schreibt: «Es ist schwer, Jean-Jacques gegenüber gleichgültig zu bleiben, man liebt ihn, oder man verabscheut ihn. Und das ist kein Zufall: er wollte geliebt werden, doch er hätte eher gewollt, dass man ihn verachtet, als dass man ihm abwägend gegenübersteht. Er ist als beispielhaftes Individuum aufgetreten – und er hat auf diese Weise einen neuen Wert geschaffen, den neuen Wert der Sensibilität, den Wert der Authentizität des Individuums in seiner konkreten Existenz.» Damit übernimmt Rousseau das Erbe des Christentums, das der Welt den absoluten Wert der Person gebracht hat, doch er ist dessen konsequentester Erbe, insofern als für ihn die authentische Existenz die Rechtfertigung dieses Werts in sich selbst trägt, sie bedarf keiner transzendenten Stütze mehr. So läutet Rousseau die moderne Individualität ein.

Lassen wir also das Herz sprechen! Rousseau postuliert das Recht der Sensibilität. Aber er nimmt sich in Acht vor dem bewegten Gemüt, das sein Objekt im Nebel des Gefühls erreichen möchte: «Das Herz», so liest man in der *Neuen Heloise,* «betrügt uns auf tausend Weisen, und handelt nach einem immer verdächtigen Prinzip.» Zugleich Gefühlsmensch und Verstandesmensch: Rousseau vereinigt in sich zwei Welten, die stets aufeinander verweisen.

Rousseaus politische Ambivalenz – ist er Etatist («Sozialist») oder Individualist («Liberaler»)? – ist auch in der Formel des *Gesellschaftsvertrags* enthalten: Derjenige, der seine natürliche Freiheit dem Staat opfert, sollte sich letzten Endes genauso frei wie vorher fühlen. So wie für Rousseau das Glück des Menschen sich nicht außerhalb einer «gut geregelten Freiheit», fernab von Anarchie und revolutionärer Gewalt, verwirklichen kann, so zweifelt er an der Fähigkeit jedes Staates, auch des demokratischsten, das Glück des Menschen zu vollenden. Und dennoch kann sich der Mensch nicht von den Fesseln der Gesellschaft lösen, er kann sein Glück nicht außerhalb von sozialer Bindung erreichen – ein weiteres unüberwindliches Paradoxon.

Und man könnte viele Widersprüche aufzählen, suchte man in jeder These nach den Argumenten für die Gegenthese. Bis zum skandalösesten dieser Widersprüche, nämlich der Tatsache, dass *Emile*, das Buch, das den Grundstein für die Pädagogik legte, von einem Vater geschrieben wurde, dem das Schicksal seiner eigenen Kinder gleichgültig war. Es scheint, als gelte für ihn nur die Qualität der Theorie – ihre Anwendung überlässt er anderen.

So viele Paradoxa mussten ebenso viele Missverständnisse nach sich ziehen. Rund um Rousseaus Person und Werk haben sie sich derart verdichtet, dass es sich als sehr schwierig erweist, ihn aus den historischen Aneignungen, in die er hineingeraten ist, herauszulösen. Das trifft auf «Rousseau als Vater der Französischen Revolution» ebenso zu wie auf «Rousseau als Vater der Romantik» oder auf «Rousseau als Vater der freien Erziehung».

Das im revolutionären Geist entflammte französische Volk war jäh für Rousseau entbrannt. Sein Name war in aller Munde, und alles war von seinen Konzepten durchdrungen: die Ansprachen an das Volk, die Reden in der Nationalversammlung, die Gazetten auf der Straße. Robespierre hatte ständig ein Exemplar des *Gesellschaftsvertrags* auf seinem Tisch, und Marat las öffentlich daraus vor. 1799 sollte von der Académie Française eine «Lobrede auf J.-J. Rousseau» als Wettbewerb ausgeschrieben werden, und Theaterstücke zu seinen Ehren erfreuten sich damals großer Beliebtheit. Rousseaus Büste wurde im Triumphzug um die Ruinen der Bastille und durch die Stadt getragen; die Nationalversammlung beschloss einstimmig, ihm eine Statue zu errichten; obendrein war es in Mode gekommen, einen Stein der Bastille mit einem eingravierten Porträt Rousseaus zu Hause zu haben. Es wurde angeordnet, Nachforschungen anzustellen, um möglichst viele Manuskripte dieses großen Mannes zu beschaffen, und die «Bürgerin Thérèse Le Vasseur» händigte dem Nationalkonvent feierlich das in ihrem Besitz befindliche Manuskript der *Bekenntnisse* aus.

Der Höhepunkt dieser Verehrung war gewiss die lange, feierliche, prunkvolle Prozession, die den auf einen üppig verzierten Wagen geladenen Sarg mit Rousseaus sterblichen Überresten von Ermenonville bis Paris führte. Die kleine Stadt Montmorency war die erste, die zu Ehren ihres Helden in einem alten Kastanienwald, in dem er sich dereinst der Natur in die Arme geworfen hatte, ein schlichtes Denkmal aufstellte. Genf ließ es sich ebenfalls angelegen sein, das Andenken seines großen Bürgers in Ehren zu halten, und zwar durch die Errichtung einer vierzig Fuß hohen Säule, die seine Büste trug.

Aber all das ist noch nichts gegen die Vergötterungszeremonie, die am 11. Oktober 1794 in Paris stattfand und deren Ablauf der berühmte Revolutionär Lakanal organisierte: Flankiert von einer großen Menschenmenge und zahlreichen Begleitzügen von Musikern, Botanikern, Künstlern, Müttern mit ihren Kindern schritten die Mitglieder des Nationalkonvents, vor ihnen das «Fanal des Gesetzgebers», der *Gesellschaftsvertrag*, und hinter ihnen ein Wagen, auf dem Rousseaus Statue, mit dem Symbol der Freiheit gekrönt, transportiert wurde. Der Sockel der Statue trug die Inschrift *Vitam impendere vero* («Sein Leben dem Wahren hingeben»), Rousseaus Wahlspruch, und darunter: *Au nom du peuple français, la Convention nationale à Jean-Jacques Rousseau, an III de la République*. Im Pantheon wurde Rousseau neben Voltaire (ja, ausgerechnet Voltaire) beigesetzt.

Was ist nun von diesem revolutionären Kult zu halten? Was hätte Rousseau selbst davon gehalten? Fest steht, dass seine Ideen die großen kommenden Umwälzungen in Paris, auch in Genf und durch ganz Europa vorbereitet haben. Denn seine Forderung, das Recht höher anzusetzen als jeden realen Staat, hat die unstillbare Unzufriedenheit mit den bestehenden Institutionen jener Zeit genährt. Er hat die Zeit der Revolutionen prophezeit. Aber derselbe Rousseau hat auch den aufrichtigen Respekt vor nationalen Gesetzen und Verfassungen proklamiert und die größte Abneigung gegen Revolutionen und Aufrührer aller Art gehegt. In einem Brief an eine Bekannte schreibt er noch: «Das Blut eines einzigen Menschen ist von größerem Wert als die Freiheit des ganzen Menschengeschlechts.» Begeistert von der Freiheitsexplosion von 1789 hätte sich Rousseau bestimmt von dem 1792 einsetzenden Terror voller Grauen abgewendet.

Ein anderes Missverständnis betrifft seine Haltung zum Christentum. Er hat sich stets als Christ bezeichnet und seinen «abwesenden Freund» gegen die Spöttereien der aufklärerischen Freidenker regelmäßig verteidigt. Sein *Bekenntnis des Savoyischen Vikars* hat jedoch alle Kirchen gegen ihn eingenommen – und gleichzeitig die Philosophen verdrießt, weil sie in der Rückkehr des Vikars zur Lektüre der Heiligen Schrift, zum Psalmengesang, zum Gebet und zum Besuch der Heiligen Messe eine Rehabilitierung der Religion sahen. Rousseau als Totengräber oder als Retter der christlichen Religion – die Interpretationen gehen heutzutage weiter auseinander.

Wenn es uns gelingt, Rousseau aus der Sackgasse einseitiger Interpretationen herauszuholen, in die er so oft hineingedrängt wird, wenn wir bereit sind, ihn in seinen Paradoxa zu belassen und diese in ihrer ganzen Kraft zu durchdenken, dann können wir am besten ermessen, dass er in vielen wesentlichen Bereichen unseres abendländischen Denkens und unseres Seins neue Wege zu bahnen wusste, die unsere moderne oder «post-moderne» Welt heute noch beschreitet.

Zunächst in der Politik: der *Gesellschaftsvertrag* steht am Anfang aller modernen Überlegungen zu Staat und Gesellschaft. Das moderne Prinzip des Rechts, ja selbst der Begriff «Gesellschaftsvertrag», der Mechanismus der Entfremdung, die Anerkennung des Volkes und die Ablehnung jedes Populismus – alle diese von nun an zentralen Begriffe der Politik hat Rousseau eingeführt. Dass das politische Denken in Deutschland im 18. und 19. Jahrhundert sich so hoch entwickelte, hat viel mit dem Umstand zu tun, dass Kant, Fichte, Hegel und auch Marx Rousseaus Text studierten, ihn unablässig erörterten und dass die Interpretation seines Gedankenguts oft sogar die Trennungslinie zwischen ihren Positionen bildete. Rousseau taucht sogar weiter am Horizont der aktuellen Infragestellung der Demokratie auf, insofern als jedes politische Regime, auch das respektvollste im Umgang mit dem Recht, mit dem unwiderstehlichen Drang des Menschen nach vollkommener Freiheit nicht zurechtkommen kann: der *Gesellschaftsvertrag* leuchtet uns weiter wie ein Stern und treibt uns ständig zu neuen Fortschritten in der Organisation des Zusammenlebens an.

Rousseau hat zugleich eine neue Art zu philosophieren eingeführt, indem er allen Systemen, die den Erfolg der klassischen Philosophie und des nachkommenden Idealismus ausmachten und weiter ausmachen sollten, den Todesstoß versetzte. Er gilt insofern als ein Vorgänger Nietzsches, bleibt aber diesseits von dessen extremem Kritizismus. Er möchte uns nur daran erinnern, dass das philosophische Denken, wie rational es auch sein mag, eine Sache unseres irdischen Wesens und unseres beschränkten Verstandes bleibt, dass es sogar stets mit dem empfindsamen Teil der menschlichen Natur zu rechnen hat und dass das Denken jenseits dieser Grenzen eine Seefahrt ohne ontologischen Kompass bleibt. So hat er die Existenzphilosophie der Moderne, wie Augustinus vorher im Christentum, geadelt.

Auch hat er, jenseits jedes Dogmatismus und Naturalismus, der christlichen Religion einen neuen Weg gewiesen: den der verantwortlichen Moral. Lessing, der ein großer Bewunderer Rousseaus war, hat diesen neuen Gesichtspunkt in der von Nathan dem Weisen erzählten Fabel, der berühmten Ringparabel, inszeniert: Der Streit zwischen den Religionen – wie der Streit zwischen den Erben des Wunderrings – kann weder historisch noch dogmatisch gelöst werden: «Es strebe von euch jeder um die Wette, die Kraft des Steins in seinem Ring an Tag zu legen! komme dieser Kraft mit Sanftmut, mit herzlicher Verträglichkeit, mit Wohltun, mit innigster Ergebenheit in Gott zu Hilf! …»

Das ist eben die letzte Lehre des Savoyischen Vikars: «Ich betrachte die einzelnen Religionen als Heilseinrichtungen, die in jedem Land einen einheitlichen Gottesdienst vorschreiben und die alle im Klima, in der Regierung, im Volkscharakter oder in sonst einer örtlichen Ursache ihre Berechtigung haben können, die der einen vor der anderen je nach Zeit und Ort den Vorrang gibt. Ich halte alle für gut, wenn man Gott darin nur in angemessener Weise dient. Der wahre Gottesdienst kommt aus dem Herzen. Gott weist diese Huldigung nicht zurück, wenn sie ehrlich ist, unter welcher Form sie ihm auch dargebracht wird.» (*Bekenntnisse*, S. 328) Die Moral wird zur neuen Grundlage der Religion.

Aber wahrscheinlich wird von allen Werken Rousseaus der *Emile* das für unsere heutige Zeit bedeutsamste Werk bleiben. Zunächst sicher deshalb, weil er der Erziehung den Weg bahnte, indem er durch sie eine Trennungslinie zwischen einer alten und einer neuen Welt zog. Pestalozzi hat das klar anerkannt, indem er in Rousseau denjenigen verehrte, der «die Fesseln des Geistes sprengte und die Erziehung dem Kind und der menschlichen Natur zurückgab». In Deutschland begrüßte Goethe den *Emile* als Evangelium der Erzieher, Herder pries ihn als ein göttliches Werk, und Lessing, Jean-Paul sowie Jacobi stimmten dem zu. Zweifellos hat dieses Buch aus dem Jahre 1762 die selbstbewusste Geschichte der Pädagogik eröffnet, obgleich seine hartnäckige Lektüre unter dem Einfluss eines wissenschaftlichen Naturalismus (Psychologismus) den Weg zu seinem tiefgreifenden philosophischen Verständnis lange versperrt hat. Heute gewinnen wir dieses Verständnis wieder. Der Leitstern des *Emile* ist die Autonomie, die die Freiheit und auch das Gesetz in der dem Menschen zuerkannten Fähigkeit, sich selbst sein eigenes

Gesetz zu geben, verbindet, und dieser Prozess braucht, jenseits allen Wachsenlassens und diesseits allen autoritären Führens, ein gewolltes, am Verstand orientiertes Handeln: die Pädagogik.

Man könnte noch mehrere neue Wege erwähnen, die Rousseau gebahnt hat. So war er der Erste, der begriffen hat, dass die Musik nur Musik sein soll, keine mathematische Konstruktion (das war gegen Rameau und die platonische Tradition gerichtet), sondern sinnliche Wiedergabe des Unsichtbaren. Aber er hat vor allem mit der Enthüllung des Ich und dessen gefühlszentriertem Ausdruck die Substanz unserer modernen Literatur als «neue Verbindung, in der der Mensch sich ausdrückt» vorgeformt. Er hat die Imagination als Triebkraft des Schreibens erkannt, und in gewisser Weise sind alle Romanschriftsteller heutzutage Rousseaus Söhne und Nachahmer der *Neuen Heloise* und der *Bekenntnisse*, insofern sie alle das Schreiben benutzen, um etwas von sich zu «bekennen». Mit Rousseau ist die Sprache zum Schauplatz einer unmittelbaren Erfahrung geworden, während sie gleichzeitig ein vermittelndes Instrument bleibt. Der Schriftsteller gibt sich durch sein Werk zu erkennen und strebt danach, dass die Realität seiner persönlichen Erfahrung anerkannt wird. Indem er die Antinomie zwischen dem Realen und dem Imaginären als ein nicht mehr zu Reduzierendes empfand, erfand Rousseau eine neue Haltung, die die moderne Literatur begründen sollte. Man kann sagen, er war der Erste, der in exemplarischer Weise den gefahrvollen Pakt des Ich mit der Sprache ins Leben rief.

Zeittafel

1712, *28. Juni:* Jean-Jacques Rousseau wird in Genf in der Grand Rue 40 geboren.
7. Juli: Tod der Mutter Suzanne.

1718 Der Vater Isaac zieht in die Rue de Coutance im Kleineleuteviertel Saint Gervais. Er liest mit Jean-Jacques Romane, dann Bücher von Historikern und Moralisten.

1722 Nach einem Streit mit einem Rittmeister a. D. zieht Isaac Rousseau nach Nyon. Jean-Jacques wird bei Pfarrer Lambercier in Bossey bei Genf in Pension gegeben.

1724–1725 Jean-Jacques kehrt nach Genf zurück, wo er bei seinem Onkel Gabriel Bernard wohnt. Lehre beim Gerichtsschreiber der Stadt, dann bei einem Graveurmeister.

1726 *5. März:* Vater Isaac Rousseau heiratet wieder.

1728 *14. März:* Nach einem Spaziergang außerhalb von Genf findet Jean-Jacques die Stadttore verschlossen und beschließt, seiner Heimatstadt den Rücken zu kehren.
21. März: Ankunft bei Madame de Warens in Annecy.
24. März: Aufbruch zu Fuß nach Turin.
April: Aufenthalt im Hospiz zum Heiligen Geist; Rousseau schwört seinem Glauben ab und wird katholisch getauft. Anstellung als Lakai bei Madame de Vercellis, dann im Dienst des Comte de Gouvon.

1729 Rückkehr nach Annecy; erfolgloser Besuch des Lazaristenseminars, dann der Singschule der Kathedrale.

1730 Rundreise: Nyon, Fribourg, Lausanne, Vevey, Neuenburg, wo er Musikunterricht gibt.

1731 Reisebeleitung als Dolmetscher eines angeblichen Archimandriten, der schließlich in Solothurn entlarvt wird. Aufbruch nach Paris und Anstellung als Erzieher für den Neffen eines Schweizer Oberst. Über Lyon Rückkehr nach Chambéry zu Madame de Warens. Anstellung im Savoyer Katasteramt. Entwurf des Einakters *Narziss oder der Liebhaber seiner selbst.*

1732 Rousseau kündigt seine Stelle, um Musiker zu werden. Dreiecksverhältnis mit Madame de Warens und ihrem Verwalter Claude Anet.

1734–1737	Nach dem Tod Anets wird Rousseau Madame de Warens' Verwalter. Umzug in das idyllische Les Charmettes, beschrieben im Gedicht *Der Obstgarten der Madame de Warens.* Explosion während eines chemischen Experiments, die sein Sehvermögen gefährdet. Reise nach Genf, um sein mütterliches Erbe abzuholen, und nach Montpellier wegen eines eingebildeten «Polypen» am Herzen.
1738–1739	Rückkehr nach Chambéry, wo Madame de Warens inzwischen einen neuen Verwalter und Liebhaber hat. Rousseau lebt meist allein in Les Charmettes, entwirft die tragische Oper *Iphis.*
1740–1741	Stelle als Hauslehrer der beiden Söhne von Monsieur de Mably in Lyon, er verfasst den *Erziehungsplan für Monsieur Sainte-Marie.* Nach dem Probejahr Rückkehr nach Chambéry, Arbeit an einer neuen, auf Zahlen basierenden Notenschrift. Entwurf der Oper *Die Entdeckung der Neuen Welt.*
1742	*Juli:* Aufbruch nach Paris, wo er der Akademie der Wissenschaften seine Notenschrift vorlegt. Freundschaft mit Diderot. *Epistel an Parisot.*
1743	Veröffentlichung der *Abhandlung über die moderne Musik* und des *Briefs an Monsieur Bordes.* Schwärmerei für Madame de Dupin. Freundschaft mit deren Stiefsohn Francueil, mit dem er sich der Chemie widmet. Arbeit an der Oper *Die galanten Musen* und am Prosalustspiel *Die Kriegsgefangenen.* *Juni:* Arbeitsvertrag als Sekretär beim Comte de Montaigu, der als Gesandter nach Venedig geht. *10. Juli – 4. Sept.:* Reise über Lyon, Marseille, Genua, Mailand, Padua nach Venedig. Zahlreiche Opernbesuche.
1744	*August:* Nach heftiger Auseinandersetzung mit Montaigu Rückkehr nach Paris.
1745	Beginn der Beziehung mit Thérèse Levasseur. Überarbeitung von *Ramiros Feste* (Text: Voltaire; Musik: Rameau). Briefwechsel mit Voltaire.
1746	Aufenthalt in Chenonceaux bei der Familie Dupin. Rousseau verfasst dort das Poem *Sylviens Allee* und das Lustspiel *Die verwegene Werbung.* *Winter:* In Paris Geburt des ersten Kindes, das sofort in ein Findelhaus gegeben wird.
1747	*9. Mai:* Tod von Isaac Rousseau.
1748	Geburt des zweiten Kindes in Paris, das ebenfalls weggegeben wird.
1749	Auftrag von d'Alembert, für das *Universalwörterbuch*

der Künste und Wissenschaften einige Artikel über Musik zu schreiben.

24. Juli: Verhaftung von Diderot, Rousseau kämpft für seine Freilassung.

Oktober: Rousseaus «Erleuchtung» auf dem Weg nach Vincennes.

1750 Prämiierung und Veröffentlichung der *Abhandlung über die Wissenschaften und die Künste.*

1751 Geburt des dritten Kindes, das ebenfalls weggegeben wird, wie später noch zwei weitere Kinder. Verteidigung seiner *Abhandlung.*

1752 Entstehung und erfolgreiche Aufführung des *Dorfwahrsagers* in Fontainebleau. Die Aufführung des *Narziss* an der Comédie Française fällt durch.

1753 Nachdem Rousseau im «Streit der Buffonisten» seinen *Brief über die französische Musik* veröffentlicht, streicht die Oper ihm den kostenlosen Eintritt.

1754 Arbeit an den *Politischen Institutionen* und an der Tragödie in Prosa *Lucretia;* Übersetzung des ersten Buches der *Historien* des Tacitus.

1. Juni: Reise mit Thérèse und dem Verleger Gauffecourt nach Genf.

1. August: Rousseau wird wieder in die Genfer Kirche aufgenommen und erhält seine Bürgerrechte zurück.

1755 Veröffentlichung der *Abhandlung über den Ursprung der Ungleichheit* mit indirekten Angriffen auf die politische Situation in Genf. Brief von Voltaire an Rousseau.

1756 Endgültige Abkehr von Genf, Umzug mit Thérèse und ihrer Mutter in die Ermitage von Madame d'Epinay bei Montmorency. Hauptbeschäftigung: Notenkopieren. Skizzen zu *Die sensitive Moral oder der Materialismus des Weisen* und Konzept für *Neue Heloise.* Kontroverser Briefwechsel mit Voltaire.

1757 Leidenschaft für Madame d'Houdetot. Bruch mit Diderot, Grimm und Madame d'Epinay. Umzug in ein einfaches Haus in Montmorency.

1758 Veröffentlichung des *Briefs an d'Alembert über das Schauspiel*; Abschluss von *Julie oder Die neue Heloise.*

1759 Arbeit am 5. Buch des *Emile.*

1760 Fertigstellung des *Gesellschaftsvertrags* und eines *Essay über den Ursprung der Sprachen.*

1761 Riesenerfolg der *Neuen Heloise* in Paris, bis 1781 ca. 100 Auflagen und Raubkopien.

1762 Veröffentlichung des *Gesellschaftsvertrags* und des *Emile*, der sofort polizeilich beschlagnahmt wird. Haftbefehl gegen Rousseau, der in die Schweiz flieht.
14. Juni: Eintreffen in Yverdon.
19. Juni: Öffentliche Verbrennung beider Bücher in Genf; Haftbefehl gegen Rousseau.
1. Juli: Ausweisung aus Yverdon, Flucht nach Môtier im Fürstentum Neuenburg.
August: Ein *Hirtenbrief* des Erzbischofs von Paris verdammt den *Emile*.

1763 Unter dem Schutz Friedrichs des Großen erhält Rousseau die Staatsbürgerschaft von Neuenburg und verzichtet endgültig auf sein Genfer Bürgerrecht. «Repräsentationen» von Genfer Bürgern gegen Rousseaus Verurteilung. Fertigstellung des *Wörterbuchs der Musik. Brief an Christophe de Beaumont.* Es kursieren die *Briefe vom Lande* des Genfer Generalstaatsanwalts Tronchin.

1764 Rousseau antwortet mit den *Briefen vom Berge.* Studium der Botanik im Neuenburger Jura. Beschäftigung mit einem Verfassungsentwurf für Korsika und einer Konstitution für Polen. Beginn der Arbeit an den *Bekenntnissen.* Voltaire schreibt anonym ein Pamphlet gegen Rousseau: *Die Ansicht der Bürger.*

1765 Öffentliche Verbrennung der *Briefe vom Berge* in Holland und Paris.
6./7. September: Angriff der aufgewiegelten Bevölkerung von Môtier auf Rousseaus Haus. Flucht auf die Petersinsel.
29. Oktober: Aufbruch in Richtung Deutschland, in Straßburg erhält er einen Pass für Frankreich und England.

1766 *4. Januar:* Auf Einladung von Hume gemeinsame Reise nach England. Rousseau und Thérèse lassen sich in Chiswick, später in Wooton nieder. Zerwürfnis mit Hume. Arbeit am 1. Buch der *Bekenntnisse.*

1767 König George III. gewährt Rousseau eine Pension von 100 Pfund Sterling jährlich.
21. Mai: Fahrt per Schiff nach Calais, Rousseau fühlt sich verfolgt, reist weiter über Amiens nach Try-le-Château zum Prinzen Conti, wo er sich eine Zeitlang unter einem Pseudonym aufhält. Veröffentlichung des *Wörterbuchs der Musik.*

1768 *Memorandum* über die Genfer Politik. Reise nach Lyon, Grenoble, Chambéry.
30. August: Rousseau heiratet Thérèse in Bourgoin.

1768–1769 Sie beziehen ein Bauernhaus in Monquin. Regelmäßiges Botanisieren, Arbeit am 2. Buch der *Bekenntnisse.*

1770 Erneuter Abbruch der Zelte: über Lyon, Dijon, Auxerre nach Paris.

Juni: Bezug der Wohnung in der Rue Plâtrière. Rousseau arbeitet wieder als Notenkopist, sammelt Pflanzen, liest öffentlich aus seinen *Bekenntnissen.*

1771 Verbot dieser Lesungen. Abschluss der *Betrachtungen über die Regierung von Polen.* Freundschaft mit Bernardin de Saint-Pierre.

1772–1775 Intensives Botanisieren. Entstehen der *Briefe über die Botanik,* Arbeit an einem *Wörterbuch der gebräuchlichen Begriffe in der Botanik* und an *Gespräche oder Rousseau richtet über Jean-Jacques.* Freundschaft mit Gluck. Rousseau komponiert die Musik zum 1. Akt von *Daphne und Chloé.*

1776 *Februar:* Rousseau versucht vergeblich, das Manuskript seiner *Gespräche* auf dem Altar von Notre-Dame niederzulegen.

ab Herbst: Arbeit an den *Träumereien eines einsamen Spaziergängers,* 1. und 2. Spaziergang.

1777 3. bis 7. Spaziergang der *Träumereien*

1778 8. bis 10. Spaziergang (unvollendet)

20. April: Rousseau vertraut Paul Moultou verschiedene Manuskripte an, darunter eine Abschrift der *Gespräche*, eine der *Bekenntnisse*, das *Allegorische Bruchstück über die Offenbarung* und ein Manuskript der *Chemischen Institutionen.*

ab 14. Mai: Aufenthalt in Ermenonville als Gast des Marquis de Girardin.

2. Juli: Nach einem letzten Morgenspaziergang stirbt Jean-Jacques Rousseau um elf Uhr vormittags.

3. Juli: Anfertigen der Totenmaske durch Houdon; die Autopsie ergibt Tod durch Schlaganfall.

4. Juli: Rousseau wird abends um elf Uhr auf der Pappelinsel im Park des Marquis beerdigt.

1794 *Oktober:* Rousseaus sterbliche Überreste werden auf Veranlassung des Nationalkonvents feierlich ins Pantheon überführt.

Literaturhinweise

*= im Text zitierte Ausgaben

1. Werkausgaben

In französischer Sprache:

* Œuvres Complètes (Bibliothèque de la Pléiade). Hg. von B. Gagnebin und M. Raymond, 5 Bde., Paris 1959 ff. [OC]
* Correspondance Complète. Hg. von R. A. Leigh, 40 Bde., 1965–1982 [CC]

Œuvres complètes de Jean-Jacques Rousseau, 24 Bde., Paris 2012
Lettres de Jean-Jacques Rousseau, 9 Bde., Paris 2012

In deutscher Sprache:

Werke. Hg. und übers. von Ch. Kunze, 4 Bde., München 1978 ff.
* Schriften. Hg. von H. Ritter, 2 Bde., München 1988

Briefe. Hg. und übers. von F. M. Kircheisen, Leipzig 1930 (1947)
Politische Schriften. Übers. von L. Schmidts, Paderborn [2]1995

2. Einzelne Werke (Auswahl)

Schriften zur Kulturkritik: Über Kunst und Wissenschaft (1750). Über den Ursprung der Ungleichheit unter den Menschen (1755). Frz./dt., hg. und übers. von K. Wiegand, Hamburg 1995
* Le dictionnaire de musique de Jean-Jacques Rousseau. Une édition critique. Hg. von Claude Dauphin, Bern u. a. 2008
* Discours sur l'origine et les fondements de l'inégalité parmi les hommes/Diskurs über den Ursprung und die Grundlagen der Ungleichheit unter den Menschen. Kritische Ausgabe des integralen Textes mit sämtlichen Fragmenten und ergänzenden Materialien nach Originalausgaben und Handschriften neu ediert, übers. und komm. von H. Meier, Paderborn [8]1984

Du contrat social ou Principes du droit politique. Vom Gesellschaftsvertrag oder Grundsätze des Staatsrechts. Frz./dt., übers. von E. Pietzcker und H. Brockard, Ditzingen 2010
* Vom Gesellschaftsvertrag oder Grundsätze des Staatsrechts. Übers. und hg. von H. Brockard, Stuttgart 1977

* Emile oder Über die Erziehung. Besorgt von L. Schmidts, Paderborn [13]2001
* Bekenntnisse. Übertragen von E. Hardt, Frankfurt a. M. [9]2010 [An wenigen hier zitierten Stellen wurde eine etwas andere Übersetzung gewählt, M. S.]
* Julie oder Die neue Heloise. Übertragen von J. G. Gellius, München 1995
* Träumereien eines einsamen Spaziergängers. Übers. von U. Bossier. Mit einem Nachwort von J. von Stackelberg, Ditzingen 2003

3. Sekundärliteratur

Annales de la Société Jean-Jacques Rousseau, Genf, seit 1965
Böhm, W./F. Grell (Hg.): Jean-Jacques Rousseau und die Widersprüche der Gegenwart, Würzburg 1991
* Burgelin, P.: La philosophie de l'existence de Jean-Jacques Rousseau, Paris 1952
Cassirer, E.: Das Problem Jean-Jacques Rousseau (Archiv für Geschichte der Philosophie, 1932), Darmstadt 1970
Charbonnel, N.: Philosophie de Rousseau, 3 Bde., Lons-le-Saunier 2006
Demonge, G.: Rousseau ou la révolution impossible, Paris 2002
Fetscher, I.: Rousseaus politische Philosophie. Zur Geschichte des demokratischen Freiheitsbegriffs, Frankfurt a. M. [8]1999
Glum, F.: Jean-Jacques Rousseau. Religion und Staat, Stuttgart 1956
Groethuysen, B.: J.-J. Rousseau, Paris [3]1949
Hager, F. P.: Pestalozzi und Rousseau, Bern 1975
Hansmann, O. (Hg.): Jean-Jacques Rousseau (Basiswissen Pädagogik), Stuttgart 2002
– (Hg.): Seminar: Der pädagogische Rousseau, 2. Bde., Weinheim 1993, 1996
Hentig, H. von: Rousseau oder Die wohlgeordnete Freiheit, München 2004
Jansen, A.: Jean-Jacques Rousseau als Musiker, Berlin 1884
* –: Jean-Jacques Rousseau als Botaniker, Berlin 1885
Jaumann, H. (Hg.): Rousseau in Deutschland. Neue Beiträge zur Erforschung seiner Rezeption, Berlin/New York 1995
* Masson, P. M.: La religion de Jean-Jacques Rousseau, 3 Bde., Paris 1916
Meier, H.: Über das Glück des philosophischen Lebens. Reflexionen zu Rousseaus *Rêveries* in zwei Büchern, München 2011
Mensching, G.: Rousseau zur Einführung, Hamburg 2000
Rang, M.: Rousseaus Lehre vom Menschen, Göttingen 1959

* Raymond, M.: Jean-Jacques Rousseau, la quête de soi et la rêverie, Paris 1952
Ritzel, W.: Jean-Jacques Rousseau, Stuttgart 1971
Röhrs, H.: Jean-Jacques Rousseau. Vision und Wirklichkeit, Heidelberg 1966
Seeberger, K.: Jean-Jacques Rousseau oder Die Rückkehr ins Paradies. Biographie, 2 Bde., München 1978
Soëtard, M.: Rousseau et l'Idée d'éducation, *suivi de* Pestalozzi juge de Jean-Jacques, Paris 2012
Spaemann, R.: Rousseau – Mensch oder Bürger. Das Dilemma der Moderne, Stuttgart 2008
* Starobinski, J.: Rousseau. Eine Welt von Widerständen, Frankfurt a. M. 2003
Sturma, D.: Jean-Jacques Rousseau, München 2001
Taureck, B. H. F.: Rousseau. Mit Selbstzeugnissen und Bilddokumenten, Reinbek 2009
Trousson, R.: Jean-Jacques Rousseau, 2 Bde., Paris 1988/89
–/Eigeldinger, F. S.: Dictionnaire de Jean-Jacques Rousseau, Paris 2006
Vossler, O.: Rousseaus Freiheitslehre, Göttingen 1962
* Weil, E.: Jean-Jacques Rousseau et sa politique, in: Essais et conférences, Bd. 2, Paris 1971

Bildnachweis

Abb. 1, 2, 4, 5, 6, 7, 8, 9, 10: Bibliothèque Publique et Universitaire Genève

Abb. 3: Bibliothèque Publique et Universitaire Neuchâtel

Personenregister